Sterben – aber wie?

AF706767

Klaus Schäfer

Sterben – aber wie?

Leitfaden für einen guten Umgang mit dem Tod

Verlag Friedrich Pustet
Regensburg

Bibliografische Information der Deutschen Nationalbibliothek

Die Deutsche Nationalbibliothek verzeichnet diese Publikation in der deutschen Nationalbibliografie; detailierte bibliografische Daten sind im Internet über http://dnb.d-nb.de abrufbar.

www.verlag-pustet.de

ISBN 978-3-7917-2381-5
© 2011 by Verlag Friedrich Pustet, Regensburg
Umschlaggestaltung: Atelier Seidel, Neuötting
Umschlagmotiv: © istockphoto / sunnybeach
Satz: Vollnhals Fotosatz, Neustadt a. d. Donau
Druck und Bindung: Friedrich Pustet, Regensburg
Printed in Germany 2011

Inhaltsverzeichnis

Einleitung: Vom passiven zum aktiven Sterben

„Wenn das passiert, kannst Du Dein Testament machen", ist eine gängige Redewendung, die ausdrückt, wie wir Menschen zu Sterben und Tod stehen. Wir schieben alles, was mit Sterben zu tun hat, auf die letzten Lebenstage in einem hohen Alter, das wir möglicherweise gar nicht erreichen.

Ich habe mein Testament geschrieben. Ich habe eine Patientenverfügung mit Vorsorgevollmacht ausgefüllt. Ich besitze einen Organspendeausweis. Ich habe schriftlich hinterlassen, dass es mein ausdrücklicher Wunsch ist, dass auf meiner Beerdigung auch gelacht wird. – Ich habe alle diese Vorbereitungen getroffen, weil ich als Krankenhausseelsorger immer wieder erlebe, wie Menschen vom plötzlichen Tod überrascht werden, aber auch, wie sehr sie das Thema Sterben und Tod auch im Alter verdrängen.

Sterben wird heute kaum als Vollendung des Lebens angesehen, sondern vielmehr als Unglücksfall, der sich ereignet, dem man sich mit allen Kräften entgegenstellt. Dabei wird die Medizin kaum als eine Kunst angesehen, die das Sterben und den Tod hinausschiebt, sondern die beides verhindert. Über Sterben und Tod wird nicht gesprochen, weil man Angst hat, diese herbeizureden.

Dies alles zeigt, dass wir nicht nur die Kunst des Sterbens – die Ars moriendi – verlernt haben, sondern dass wir uns bewusst gegen sie entscheiden. Wir gestalten unser Sterben nicht mehr aktiv, sondern erleiden das Sterben passiv. Dies kommt auch in der Ausdrucksweise von „aktiver Sterbehilfe" und „passiver Sterbehilfe" zum Ausdruck.

Sterben aktiv gestalten bedeutet nicht, dass man Suizid begeht, sondern dass man sein Sterben im Rahmen seiner Möglichkeiten aktiv gestaltet. Das beginnt damit, dass man Vorsorge getroffen hat für den Fall, dass man sich nicht mehr mitteilen kann und dafür, was im Falle des Todes geschehen soll.

Dieses Buch wurde geschrieben,

- damit Sterben nicht mehr passiv erlitten, sondern aktiv gestaltet wird;
- damit über Sterben angstfrei gesprochen wird;
- damit wir wieder zu einer Kultur des gestalteten Sterbens finden.

Nicht nur unsere Angehörigen, Freunde, Nachbarn, Arbeitskollegen und sonstige Bekannte sterben, auch wir selbst werden irgendwann sterben. Daher ist Sterben ein Thema, das uns alle angeht. Jeder ist irgendwann einmal in der Hauptrolle des Sterbenden, nicht nur in der Rolle des Begleiters.

1. Was man über Patienten-vorsorge, Sterben, und Tod wissen sollte

1.1 Mosaiksteine für ein Gesamtbild

Vom Begleiten und von Begleitern

Das Sterben wird von vielen Menschen begleitet. Primär ist es die eigene Familie. In Pflegeeinrichtungen kommen die Pflegenden hinzu, in Kliniken auch die Ärzte. Je nach kirchlicher Gebundenheit kann auch ein Seelsorger an der Begleitung beteiligt sein.

Private Begleiter	**Professionelle Begleiter**
Ehegatte, Kinder, Enkel, Geschwister, Nichten, Neffen Freunde, Nachbarn, Arbeitskollegen	Ärzte, Pflegekräfte, Therapeuten, Seelsorger

Sie alle begleiten den Sterbenden. Sie sterben nicht mit, wie schmerzlich dieses Sterben auch immer erlebt wird. Aus diesem Grunde werden in diesem Buch alle diese Personen „Begleiter" genannt; es wird lediglich zwischen privaten und professionellen Begleitern unterschieden.

Diese Unterscheidung sagt nichts über die Qualität der Sterbebegleitung aus. So kann z. B. eine liebevolle Ehefrau weitaus besser begleiten als ein noch so gut ausgebildeter Arzt. Umgekehrt kann z. B. eine klammernde Ehefrau, die ihren Mann nicht sterben lassen möchte, in der Sterbebegleitung größeren Schaden anrichten als jeder Anfänger.

Sie alle begleiten den Sterbenden bis zu seinem Tod, die einen besser, die anderen schlechter.

Vom Sterbenden und vom Toten

Mit Eintritt des Todes wird aus dem Sterbenden ein Toter. Er hat damit eine Schwelle überschritten, die wir Lebende noch nicht überschreiten können. Daher endet mit dem Tod die Begleitung. Ist der Tod eingetreten, nehmen die Begleiter Abschied vom Verstorbenen.

Sterbender	**Toter**
Ein Sterbender wird begleitet.	Vom Toten nimmt man Abschied.
Ein Sterbender wird gepflegt.	Ein Toter wird bestattet.

Mit dem Eintritt des Todes endet jedoch nicht die Würde des Leichnams. Der Tote wird würdevoll aufgebahrt und schließlich bestattet.

Sterben

Nichts auf der Welt ist so sicher wie das Sterben.
Wir können die Augen davor verschließen, aber wir werden sterben.
Unsere Medizin kann den Tod hinausschieben, aber wir werden sterben.
Wir können das Thema totschweigen, aber wir werden sterben.
Wir können versuchen, uns vor dem Thema zu drücken, aber wir werden sterben.
Wir können uns dem Thema stellen, aber wir werden sterben.
Mit nichts auf der Welt werden wir unser Sterben verhindern.

Wir alle werden sterben. Niemand wird davon ausgenommen. Dennoch ist Sterben ein Thema, das von den meisten Menschen gemieden wird, insbesondere wenn es um das eigene Sterben geht. Man will sich nicht damit beschäftigen, so als ob es sonst den Tod herbeiführen würde.

Das Leben ist lebensgefährlich.
Ist es nicht mehr lebensgefährlich,
sind wir nicht mehr am Leben.

Das Sterben ist ein Phänomen, über das wir sehr wenig wissen. Wir können zwar meist medizinisch erklären, woran ein Mensch gestorben ist, doch über den eigentlichen Sterbeprozess wissen wir kaum etwas. Wir beobachten, dass Sterbende häufig den Wunsch haben, sich an etwas festzuhalten, doch wir wissen nicht, was es für Sterbende bedeutet. Wir kennen von einigen Menschen mit Nahtod-Erfahrung die Berichte von Tunnel und Licht und müssen uns dennoch fragen, warum viele andere Menschen, die ebenfalls Nahtod-Erfahrungen gemacht haben, dies nicht erlebten.

Glaubt man unserer Sprache, so *sterben* wir nicht. Uns erlischt das Lebenslicht, wir entschlafen, wir gehen heim, wir sehen die Radieschen von unten, ... aber wir sterben nicht. Diesem Phänomen begegnen wir auch in der liturgischen Sprache. Hier einige Beispiele aus dem Messbuch (die Liste könnte noch lange weitergeführt werden):

- „Denn deinen Gläubigen, o Herr, wird das Leben gewandelt, nicht genommen." (Präfation von den Verstorbenen I)
- „Nach deiner Verfügung empfangen wir den Sold der Sünde und kehren zurück zur Erde, von der wir genommen sind." (Präfation von den Verstorbenen IV)
- „Gedenke auch deiner Diener und Dienerinnen, die uns vorausgegangen sind, bezeichnet mit dem Siegel des Glaubens, und die nun ruhen in Frieden." (Erstes Hochgebet)
- „Führe sie und alle, die in Christus entschlafen sind, in das Land der Verheißung, des Lichtes und des Friedens." (Erstes Hochgebet)
- „Gedenke (aller) unserer Brüdern und Schwestern, die entschlafen sind in der Hoffnung, dass sie auferstehen. Nimm sie und alle, die in deiner Gnade aus dieser Welt geschieden sind, in dein Reich auf, wo sie dich schauen von Angesicht zu Angesicht." (Zweites Hochgebet) usw.

Mit welchen Worten wir das Sterben auch schönreden, es bleibt, dass wir sterben. Dies sollten wir alle akzeptieren. Die Annahme unserer Endlichkeit ist eine große Hilfe im Umgang mit dem Sterben – dem Sterben unserer Angehörigen wie auch unserem eigenen Sterben.

Alles Lebende stirbt,
gleichgültig, wie lang es lebt.

Fragen zum Sterben

Wenn wir Sterben nicht als einen Teil unseres Lebens annehmen und anerkennen, werden wir damit weder das Sterben verhindern noch können wir uns einigen elementaren Fragen des Sterbens stellen.

- *Wie alt müssen wir werden, bis wir sterben dürfen?*
- Muss einer 94-Jährigen, die seit Jahren als Pflegefall der Stufe 3 in einem Pflegeheim lebt und die nun plötzlich die Nahrung verweigert, eine Magensonde gelegt werden? Muss für einen 96-Jährigen, der zu Hause gepflegt wird und nun ohnmächtig wird, ein Rettungsdienst gerufen werden?
- Fragen dieser Art laufen immer wieder auf Folgendes hinaus: Wir wollen der Tatsache, dass unser Leben endlich ist, nicht offen gegenübertreten. Wir wollen weiterleben, so als gäbe es den Tod nicht. Wir sind es, die in unserem Egoismus den natürlichen Tod unseres Angehörigen nicht annehmen wollen.
- *Wie krank müssen wir werden, bis wir sterben dürfen?*
- Warum muss ein Patient nach einer schweren Operation, bei dem die Entwicklung unaufhaltsam auf das Sterben zuläuft und der nun auch selbst sterben möchte, noch durchhalten und kämpfen? Warum müssen an einem sterbenden Patienten noch große Untersuchungen durchgeführt werden?
- Hier sind es der Alltagstrott der Klinik und die Gewohnheiten der Angehörigen, die die Augen vor der Situation des Sterbens verschließen. Wir gehen davon aus, dass es dieses Mal anders verläuft, als es bisher verlaufen ist. Wir haben den Blick für das Sterben verlernt.
- *Sind wir darauf vorbereitet, wenn wir plötzlich sterben?*
- Keiner von uns hat einen Garantieschein, dass er ein hohes Alter erreichen darf. Jederzeit und völlig unerwartet kann uns der Tod treffen. Sind wir darauf vorbereitet? Haben wir Vorsorge getroffen, dass alle uns wichtigen Themen geregelt sind?
- *Wie stelle ich mir mein Sterben vor?*
- Niemand weiß, wie er sterben wird. Dennoch sollten wir uns darüber Gedanken machen, wie wir sterben wollen. Die Ergebnisse dieser Gedanken sollten wir den uns nahestehenden Men-

schen mitteilen. Damit nehmen wir den Angehörigen ihre Ahnungs- und Hilflosigkeit. Sie wissen dann, welche letzten Liebesdienste sie uns zuteilwerden lassen können. Dadurch haben wir auch die Chance, dass unsere Wünsche auch wirklich berücksichtigt werden. Andernfalls brauchen wir uns nicht zu wundern, wenn wir völlig anders sterben, als wir es uns gewünscht haben.

Die Fragen über das Sterben sollte jeder von uns zulassen. Die Antworten erleichtern uns den Umgang mit dem Sterben unserer Angehörigen, aber auch mit unserer eigenen Sterblichkeit. Beides sollte uns ein Herzensanliegen sein.

„Grundfarben" des Sterbens

Das Sterben selbst hat keine Farben, ebenso wenig wie Gewicht oder Länge. Dennoch kann die Art des Sterbens – hier auch ganz im Sinne einer „Kunst des Sterbens" verstanden – mit Farben verglichen werden.

Farben an sich sind zunächst neutral. Deutung bekommen sie durch unsere Festlegung. Rot an der Ampel heißt „Stopp". Grün bedeutet freie Fahrt. – Ähnlich will ich die drei Grundformen des Sterbens den drei Grundfarben Rot, Grün und Blau des Fernsehens (RGB-Signal) zuordnen, aus denen alle anderen Farben zusammengesetzt sind. Wie bei den Farben gibt es auch beim Sterben meist Mischformen, die mal mehr von dieser oder jener Farbe haben.

Farbe	**Art des Sterbens**
Rot	Der Sterbende „sieht" Rot, wenn er nur das Thema Sterben hört. Er will sich mit seinem eigenen Sterben nicht auseinandersetzen und will es nicht akzeptieren. Sterben ist für ihn kein Thema, obwohl er selbst im Sterbeprozess ist. Bis zum letzten Atemzug wehrt er sich gegen sein Sterben.
Grün	Der Sterbende blickt voll Freude und Dankbarkeit auf sein Leben zurück. Mit den Anwesenden erinnert er sich an die eine oder andere Anekdote seines Lebens und lacht darüber. Den eigenen Tod nimmt er als Vollendung seines irdischen Lebens an.

Farbe	Art des Sterbens
Blau	Der Sterbende erkennt die Tatsache seiner irdischen Endlichkeit an. Er hat sein Testament geschrieben, seine Vorsorgevollmacht und Patientenverfügung unterschrieben, Ort und Art seines Begräbnisses bestimmt. Damit ist es gut. Weiter will er nicht über das Sterben sprechen.

In meiner langjährigen Praxis als Klinikseelsorger habe ich jede dieser drei „Grundfarben des Sterbens" immer wieder kennengelernt. Für mich kann ich sagen, dass ich nicht in Rot sterben möchte, sondern in Grün. Zumindest Blau sollte möglich sein.

Man muss diese „Grundfarben" nicht werten, aber für die Angehörigen ist sicher die Farbe Grün am leichtesten zu leben und die Farbe Rot am schwersten. Auf diesem Hintergrund nehmen wir die Wertung vor. Wenn man sich aber von dieser Wertung frei macht und es einfach als eine andere Art des Sterbens sieht, dann kann man leichter mit der gegebenen Art des Sterbens umgehen. Es ist der Sterbende, der die Art bestimmt. Die Angehörigen haben diese Art nur auszuhalten.

Es gibt auch Angehörige, die in Rot leben und die mit einem in Grün Sterbenden konfrontiert sind. Sie sind es, die dann dem Sterbenden alle Äußerungen verbieten, die irgendwie nach Sterben klingen. Sie scheinen zu befürchten, dass man den Tod herbeireden könne. Aber man kann den Tod so wenig herbeireden, wie man ihm ausweichen kann.

Das Modell der „Grundfarben des Sterbens" kann auch im Prozess des Loslassens hilfreich sein. Man erkennt damit, in welcher Farbe der Angehörige stirbt und welche Farbe man gerne selbst hätte. Bei Verschiedenheit der Farben erkennt man dann, dass es einfach nur die andere Art (Kunst) ist zu sterben.

Sterben in unserer Gesellschaft

Seit Jahrzehnten wird das Sterben in Mitteleuropa immer stärker von zu Hause im Kreis der Familie in die Pflegeheime und Kliniken verlagert. Durch diesen Umstand verlernen wir den Umgang mit dem Sterben.

Zwar gibt es viele Kinderbücher, die Sterben thematisieren, aber in den meisten von ihnen sterben Tiere, keine Menschen (eine der wenigen Ausnahmen: Klaus Schäfer: Letzte Gespräche mit Oma. Kehl 2011). Damit werden auch Kinder kaum an das Sterben von Menschen herangeführt. Die Folge ist, dass kaum noch jemand gut mit Sterben umgehen kann.

Hinzu kommt, dass sich niemand gerne mit dem Thema Sterben beschäftigt. Es wird als belastend empfunden. Dies belegen auch Studien:

- *Verweildauer im Krankenzimmer*
  Eine Studie belegt, dass die Verweildauer von Klinikpersonal bei Sterbenden signifikant kürzer ist als bei normalen Patienten. Brauchen diese weniger Zuwendung oder können wir mit dem Sterben nicht umgehen?
- *Schrittgeschwindigkeit*
  In einer Studie wurden körperlich gesunde Menschen um 25 Jahre in drei Gruppen aufgeteilt: Die eine Gruppe sollte sich mit dem Thema „sich verlieben", die andere mit „Projekte planen" und die dritte mit „älter werden" beschäftigen. Gemessen wurde die Schrittgeschwindigkeit der Probanden, mit der sie nach Auftragserteilung in die jeweiligen Räume gingen. Die Schrittgeschwindigkeit war bei der dritten Gruppe signifikant langsamer.
- *Abschaffung der „Witwe" und des „Witwers"*
  Der Begriff „Witwe" und „Witwer" wurde vor rund 40 Jahren in der deutschen Amtssprache als Anrede abgeschafft. Plötzlich gab es amtlich keine Witwen und keine Witwer mehr. Damit gab es für diesen Personenkreis plötzlich keinen Schutzraum, in dem sie als Trauernde erkennbar sind. Nur noch das engste persönliche Umfeld weiß davon und geht hoffentlich gut damit um.

Entwicklungen wie diese entfremden uns Sterben, Tod und Trauer immer mehr. Nicht, dass es nicht stattfinden würde. Es wird gesellschaftlich ausgeblendet. Es wird gesellschaftlich nicht mehr mitgetragen. Sterben, Tod und Trauer werden immer mehr zu einem Geschehen des Einzelnen.

Einzelfälle wie der folgende werfen ein Licht darauf, wohin wir als Gesellschaft unterwegs sind:

> Herrn M., einem Krebspatienten, ging es zunehmend schlechter. Als er im Sterben lag, rief nachmittags die Krankenschwester seine Tochter an und sagte ihr, dass ihr Vater im Sterben liege. Ihre Antwort: „Dafür habe ich jetzt keine Zeit. Mein Flieger nach Teneriffa geht in wenigen Stunden." Wenige Stunden später war Herr M. tot.

Ab wann ist man sterbend?

Oft gewinne ich den Eindruck, dass man erst als sterbend gilt, wenn definitiv die letzten Stunden eines Lebens angebrochen sind. Ist nicht auch jemand sterbend, der sich in einem eindeutigen Sterbeprozess befindet?

> Im April erzählte ich einmal von einem längeren Krankenbesuch bei einem Patienten, „der sein letztes Weihnachten bereits gelebt hat." Damit drückte ich aus, dass der Patient bis zum 25.12. sicher tot sein würde. Die prompte Antwort des Klinikmitarbeiters: „Wenn der noch bis Dezember leben kann, ist er jetzt noch nicht sterbend."

Für Hospize gibt es oft klare Zeitvorgaben, wie groß die Lebenserwartung sein darf. Ist diese noch mehr als 6 Monate, so wird der Sterbende meist abgelehnt. Er soll sich wieder melden, wenn seine Lebenserwartung kürzer als die Zeitvorgabe des jeweiligen Hospizes ist. Mit dieser Regelung wird versucht, mit den fehlenden Hospizplätzen in Deutschland zurechtzukommen. Es soll durch einen „Langlieger" nicht mehreren anderen Sterbenden das Sterben im Hospiz verwehrt werden. Bedauerlich ist es, wenn sich der Gesundheitszustand des zunächst abgewiesenen Sterbenden so schnell verschlechtert, dass er innerhalb von Wochen stirbt und nun kein Platz im Hospiz frei ist. Niemand kann eine solche Entwicklung voraussehen. Daher wird auch von der Lebens-„erwartung" gesprochen. Man erwartet noch eine bestimmte Lebenszeit, es kann aber auch ganz anders kommen, oft ist die verbleibende Zeit kürzer, selten länger.

Die Antwort, ab wann jemand sterbend ist, kann man am Wechsel von kurativer zu palliativer Behandlung festmachen. Denn damit beginnt definitiv das Sterben, indem die Krankheit ungehindert voranschreitet. Doch damit fallen einige Menschen aus diesem Raster:

- *Therapie als Zeitgewinn:* Manchmal ist klar, dass alle Therapie nur Zeitgewinn bringen kann, aber keine Heilung. Mitunter haben die Patienten während und/oder nach der Therapie noch eine gute Lebensqualität, wenn auch oft nur für Monate, selten für Jahre. Sind sie deswegen Sterbende?
- *Patienten mit Therapieabbruch bzw. Therapieverweigerung:* Manchmal entscheiden sich Patienten bewusst gegen eine Therapie oder für einen Abbruch der Therapie. Sie wollen sich dieser meist körperlichen Belastung nicht (länger) aussetzen. Sie wissen, dass damit die Krankheit schneller voranschreitet, aber das nehmen sie zu Gunsten der echten oder vermeintlichen Lebensqualität gerne in Kauf. Sind diese Kranken deswegen Sterbende? Wenn ja, ab wann?
- *Patienten mit langsam verlaufender tödlicher Krankheit:* Es gibt einige wenige Krankheiten, die chronisch verlaufen und tödlich enden. Bei einigen davon kann die Medizin verzögernd einwirken, den Prozess aber nicht aufhalten. Bei den anderen muss die Medizin heute noch ohnmächtig zusehen, wie die Krankheit ihren Lauf nimmt. Sind diese Kranken Sterbende? Wenn ja, ab wann?

Die Frage, ab wann jemand als Sterbender zu gelten hat, ist keine hypothetische Frage, sondern eine grundlegende. Hier beginnt es, wenn wir über Sterbekultur sprechen.

Es ist ein wesentlicher Unterschied, ob für uns nur der ein Sterbender ist, der noch wenige Stunden oder gar Minuten zu leben hat (Todes*stunde*!), oder ob als Sterbender bereits derjenige gilt, bei dem von kurativer zu palliativer Behandlung gewechselt wird, weil er „austherapiert" ist. Es ist entscheidend, ob auch der mit dazu gehört, der mit tödlich verlaufender Krankheit bei noch guter Lebensqualität eine (weitere) Therapie ablehnt. Es ist entscheidend, ob jemand, der mit chronischer tödlich verlaufender Krankheit als Sterbender gilt.

Die Antwort auf die Frage, wer als Sterbender anzusehen ist, hat wesentlichen Einfluss auf den Umgang mit Sterbenden und damit auf unsere Sterbekultur. Daher ist es wichtig, auf diese Frage eine allgemein anerkannte Antwort zu finden, auch wenn es nur eine vorübergehende Antwort auf dem Hintergrund des kleinsten gemeinsamen Nenners ist.

Da es mir wichtig ist, alle hier genannten Kranken als Sterbende anzusehen, könnte eine Lösung so aussehen, dass man die Sterbenden in drei Gruppen einteilt:

– *Sterbende der Gruppe 1:* Patienten mit tödlich verlaufender Krankheit, die jedoch noch am allgemeinen Leben teilnehmen können, die z. B. noch in Urlaub fahren können.
– *Sterbende der Gruppe 2:* Patienten, bei denen die Behandlung von kurativ auf palliativ gewechselt wurde.
– *Sterbende der Gruppe 3:* Menschen, die sich in der letzten Sterbephase befinden.

Ich gebe hierzu bewusst keine Zeiten an, weil diese sehr unterschiedlich sein können. So kann nach einem Unfall ein Schwerverletzter, der verblutet, von einem Augenblick auf den anderen von völlig gesund in die Gruppe 3 kommen und innerhalb von Minuten sterben. Es kann sich aber auch ein Sterbender über viele Tage in einem Zustand des Sterbens der Gruppe 3 befinden, bis der Tod schließlich eintritt.

„Nichts Schlimmes herbeireden!“?

„Nichts Schlimmes herbeireden“ wurde bei uns bereits sprichwörtlich. Man befürchtet, dass das, worüber man spricht, eintreten könnte. In diese Kategorie gehört auch der Spruch: „Mal den Teufel nicht an die Wand!“ Auch damit bekundet man, dass man sich einen Themenwechsel wünscht.

Wenn man nachfragt, was denn die Ursachen für eine solche Haltung ist, so stößt man auf viel Angst und Hilflosigkeit. Wie soll ich mich zu einem Thema stellen, das mir höchst unangenehm ist? Statt es einfach mal anzugehen, wird immer wieder versucht, dem Thema aus dem Weg zu gehen.

Beim Abschluss einer Versicherung sind wir nicht so abergläubisch. Wir schließen sie im guten Glauben ab, dass wir diese Versicherung nie in Anspruch nehmen müssen. – Wenn es jedoch um das eigene Testament, die eigene Patientenvorsorge und den eigenen Organspendeausweis geht, drücken wir uns davor. Dabei sollte es gerade hier wie bei den Versicherungen sein. Der Vorteil: Diese Vorsorgemaßnahmen kosten kein Geld.

> Als ich für das Jahr 2000 eine Radwallfahrt von Augsburg nach Jerusalem plante – mit einer Radpilgergruppe in 6 Wochen 6.000 km –, machte ich mir ernsthafte Gedanken, dass jemand aus der Gruppe für mehrere Tage ins Krankenhaus muss. Hierzu arbeitete ich einen Notfallplan aus. Doch danach wurde mir bewusst, dass es auch mich treffen könnte. Wie kommt dann die Gruppe ohne mich ans Ziel? – Damit dies möglich wäre, erhielt jeder Teilnehmer dieser Radwallfahrt einen Streckenplan mit den Orten der Übernachtungen, mit allen Telefonnummern und Adressen, die ich für die Durchführung der Radwallfahrt benötigte, dazu hatten vier Personen noch Zugriff auf mein Konto. Ich hätte in Augsburg beim Start tot umfallen können, die Gruppe wäre in der Lage gewesen, auch ohne mich nach Jerusalem und wieder zurück zu kommen. Mit dem Gefühl, für die Fahrt nicht notwendig zu sein, fuhr ich entspannt diese Radwallfahrt.

Es sollte für jeden Menschen ein erleichterndes Gefühl sein, die letzten Dinge seines Lebens geregelt zu wissen. Doch dazu muss man sie einmal angehen.

Sterbequalität ist Lebensqualität

> *Das Leben endet nicht mit dem Sterben, sondern mit dem Tod.*

Damit gehört das Sterben eindeutig mit zum Leben. Es ist jedoch eine Lebensphase, die völlig ausgeklammert wird. So ist es nicht verwunderlich, dass eine im Jahre 2010 von einer Singapurer Stiftung durchgeführte Studie über das Sterben unter 40 Staaten Deutschland auf Platz 8 verweist. Untersucht wurde,

- welche Hilfe und Pflege Sterbende erhalten;
- welche staatlichen Hilfen es für Todkranke gibt;
- ob eine Regierung Standards für die Versorgung in den letzten Tagen eines Lebens entwickelt hat;

– ob das Thema Sterben öffentlich diskutiert wird;
– ob es eigens geschultes Pflegepersonal für Sterbende gibt.

Eugen Brysch, Geschäftsführer der Deutschen Hospizstiftung, hält diese Zahlen für geschönt: „Realistischer wäre Platz 20." Den Sprung zur Professionalität in der Versorgung Sterbender habe Deutschland verschlafen. Nach seinen Worten erhalten in Deutschland von den rund 830.000 Sterbenden im Jahr rund 8 % eine angemessene Pflege und Schmerztherapie. „Laut der Weltgesundheitsorganisation sollten es 60 % sein." (BNN, Der Fächer, 14.8.2010, 3)

Sterben ist jedoch nicht nur ein Thema der Fachkräfte. Es ist auch nicht nur ein Thema der Gesellschaft, sondern jedes Einzelnen. Dabei stellen sich zwei zentrale Fragen:

1. Wie gehe ich mit dem Sterben meiner Angehörigen um?
2. Wie gehe ich mit meiner eigenen Sterblichkeit um?

Wie wir im deutschsprachigen Raum zu Leben und Sterben stehen, zeigt ein kleiner statistischer Vergleich der Begriffe im Internet (Quelle: www.google.de vom 5.3.2011):

Lebequalität	0	Sterbequalität	4.590
Lebenqualität	19.100	Sterbenqualität	0
Lebensqualität	10.200.000	Sterbensqualität	179
Summe	**10.219.100**		**5.769**
Leben	178.000.000	Sterben	12.800.000

Wir sprechen damit 13,9 Mal häufiger vom Leben als vom Sterben. Von der Lebensqualität sprechen wir sogar 1.771 Mal häufiger als von der Sterbequalität. – In Deutschland ist die durchschnittliche Lebenserwartung eines neugeborenen Jungen 77 Jahre, eines neugeborenen Mädchens 82 Jahre. Wird von 80 Jahren Leben ausgegangen und das 1.771-Fache dagegen aufgerechnet, so haben wir 79 Jahre und 11,5 Monate „Lebensqualität" und 0,5 Monate „Sterbequalität".

Hieran wird deutlich, wie wenig wir uns mit dem Sterben beschäftigen, wie wenig uns Sterbequalität bedeutet, dass wir Sterben nicht mehr gestaltend angehen, sondern als Unglück erleiden. Die Ars moriendi – die Kunst des Sterbens – haben wir nicht nur verlernt, sie ist in unserer Gesellschaft völlig in Vergessenheit geraten. Nur noch punktuell wird das Thema in den stationären Hospizen und ambulanten Hospizdiensten wie auf Inseln der Seligen wach gehalten.

Grundregeln im Umgang mit Sterbenden

Bei Hunger und Durst

Kein Sterbender sollte Hunger oder Durst leiden. Dabei sollte man sich dessen bewusst sein, dass in den letzten Tagen und Wochen unseres Lebens der Körper kaum noch Nahrung braucht. Daher ist es nicht notwendig, einen Sterbenden bis in die Sterbestunde hinein aufwendig künstlich zu ernähren.

Anders sieht es hingegen mit der Flüssigkeit aus. Diese braucht der Körper, damit die Nieren weiter arbeiten und der Sterbende keinen Kreislaufkollaps erleidet.

Bei Schmerzen

Alle Schmerzen können genommen werden, auch die größten. Es stellt sich dabei nur die Frage, welchen Preis man dann bezahlt: Mit immer mehr und immer stärkeren Schmerzmitteln wird der Sterbende auch immer müder. Dies kann dazu führen, dass der Sterbende viel oder nur noch schläft.

Es sollte in der Entscheidung des Sterbenden liegen, wie viel Schmerzmittel er bekommt. Es sollte in seinem Ermessen liegen, wie viel Schmerzen er aushalten will, um noch möglichst viele Stunden wach zu sein, oder ob er lieber mehr schlafen möchte, um keine Schmerzen zu erleiden.

Bei Atemnot

Einige Morphine nehmen nicht nur den körperlichen Schmerz, sondern nehmen in gleicher Weise auch die Atemnot. Ein Sterbender, der an einer schweren Lungenerkrankung stirbt, hat zunächst das Gefühl, dass er erstickt. Er verkrampft sich und sein Atem kommt ins Stocken. Damit atmet er ineffizient und beschleunigt sein Sterben.

Wird einem Sterbenden mit schwerer Lungenerkrankung das benötigte Morphium gegeben, so erstickt er zwar medizinisch betrachtet, aber er selbst spürt nichts von dieser Atemnot. Er atmet gleichmäßig und ruhig. Seine Atmung ist effizient. Er leidet dann nicht nur weniger, sondern lebt damit auch länger.

Fazit: Kein Grund zum Suizid

Unter den Ärzten sind diese Grundregeln des Sterbens bekannt, nicht hingegen unter der Bevölkerung. Daher haben Patienten mit tödlichen Erkrankungen häufig den Wunsch, nach Holland oder in die Schweiz in eine Sterbeklinik zu gehen, um ihrem Leben selbst ein Ende zu setzen.

Dieser Suizid muss nicht sein. Wenn die Menschen wissen, dass ihr Sterben nicht qualvoll sein wird, können sie gelassen ihrem eigenen Tod entgegen sehen. Sie sind nicht mehr damit beschäftigt zu grübeln, wie man seinem Leben ein Ende setzt. Sie können sich damit wieder ganz dem Leben zuwenden, in dem Rahmen, in dem es ihnen noch möglich ist.

Es kommt daher nicht nur darauf an, dass eine Sterbequalität praktiziert wird, sondern dass sie als Teil der Allgemeinbildung ins Bewusstsein der Gesellschaft kommt. Nur mit den entsprechenden Informationen kann die Angst vor einem qualvollen Tod genommen werden.

Sterben ist wie …

Sterben lässt sich mit vielem vergleichen. Einige dieser Vergleiche werden hier vorgestellt.

… Geburt und Tod

Das Sterben lässt sich als Ende des irdischen Lebens sehr gut mit dem Anfang des irdischen Lebens vergleichen.

Anfang des Lebens	Ende des Lebens
Die Geburt muss jedes Kind selbst erleben. Mutter und Hebamme können hierbei nur unterstützen.	Den Tod muss jeder Sterbende selbst erleben. Angehörige, Freunde, Ärzte, Pflegekräfte, Seelsorger, … können nur begleiten.
Das neugeborene Kind ist schwach und hilflos.	Der Sterbende ist schwach und hilflos.
Wenn das Kind geboren ist, sind die Eltern sehr zärtlich zu dem Kind, obwohl es diese Zärtlichkeiten noch nicht bewusst wahrnehmen kann.	In den letzten Stunden des Sterbens sind die Begleiter zärtlich zum Sterbenden und reden zu ihm, auch wenn er dies nicht mehr bewusst wahrnehmen kann.
Am Anfang des Lebens ereignet sich das Wunder des Lebens, über das wir keine Macht haben. Nur der Glaube gibt uns Antwort darauf, woher wir kommen und wozu wir leben.	Am Ende des Lebens ereignet sich das Wunder des Sterbens, das wir nicht verhindern können. Nur der Glaube gibt uns Antwort darauf, wohin wir dann gehen.

Wie am Anfang des Lebens, so ist vieles am Ende des Lebens. Wenn wir uns dies in Erinnerung rufen, ist eine gute Grundlage für gute Sterbebegleitung gegeben.

… Abschied nehmen

Mit zunehmendem Alter haben wir Menschen von immer mehr Abschied zu nehmen:

- Alte Menschen bauen leistungsmäßig ab.
- Immer weniger Arbeiten sind noch möglich.
- Der Lebenskreis zieht sich immer enger zusammen, zuletzt noch auf die eigene Wohnung, schließlich das Pflegebett.

Viele Menschen tun sich mit den Einschnitten des Lebens sehr schwer, sie wollen zu den Zuständen früherer Zeiten zurück. Dies gilt insbesondere, wenn der Abschied von Fähigkeiten und Gesundheit schubweise erfolgt.

... das Erlöschen einer Kerze

Manchmal erfolgt das Sterben in einem langen Prozess von Wochen und Monaten. Dem Sterbenden erlischt die Lebensfreude und der Lebenswille. Sein Gewicht nimmt ab und damit auch seine Kräfte, manchmal auch seine geistigen Kräfte. Der Volksmund sagt: „Der Mensch baut ab."

Eine Kerze brennt so lange, wie sie noch Wachs zum Verbrennen hat. Erst wenn der letzte Wachstropfen verzehrt ist, erlischt die Flamme. – Ähnlich kann es bei Sterbenden sein. Solange bei ihnen das Herz noch stark genug ist, um den Blutkreislauf aufrecht zu erhalten, und die übrigen Organe größtenteils ihre Arbeit verrichten, kann sich ein Sterbender noch viele Tage in diesem absolut schwachen Zustand halten. In dieser Situation verweise ich oft auf die Worte von Albert Schweitzer: „Leben will leben."

Die Angehörigen wissen aber, dass der Sterbende unausweichlich sterben wird. Sie können sich emotional darauf einstellen. Die Trauer beginnt damit, dass man die Information erhält, dass das Sterben unaufhaltsam begonnen hat. Man spricht daher auch von „vorauseilender Trauer".

... ein Blitz aus heiterem Himmel

Sterben ist auch wie ein Blitz aus heiterem Himmel. Unfall, aber auch Herzinfarkt oder Schlaganfall ereignen sich plötzlich ohne Vorwarnung und können in Sekunden zum Tod führen.

Gelegentlich kommt es auch vor, dass es einem Patienten noch sehr gut geht. Plötzlich verschlechtert sich sein Zustand. Noch ehe man wirksam reagieren kann, ist der Patient tot.

Stirbt ein Mensch plötzlich, völlig unerwartet, so ist es für die Hinterbliebenen sehr schwer. Sie brauchen viel Zeit und viel Unterstützung, um diese Realität zu begreifen. Bis zum Tod des Patienten war für die Angehörigen die Welt noch in Ordnung. Sie sehen sich plötzlich mit dem Tod eines geliebten Menschen konfrontiert. Die gesamte Trauer setzt mit dem Bekanntwerden des Todes ein. Die Menschen sind zunächst oft geschockt. Es wird daher auch von „nacheilender Trauer" gesprochen.

… eine große Reise

Sterben ist wie eine große Reise in einem Verkehrsmittel, in dem man losfährt bzw. fliegt, einschläft und dann an einem ganz anderen Ort wieder zu sich kommt. Diese große Reise unternahmen alle Verstorbenen schon vor uns. Sie alle werden wir an dem neuen Ort wieder treffen.

Doch auch die Menschen, die wir im alten Land zurückgelassen haben, werden uns alle dereinst nachreisen. Damit ist die durch den Tod herbeigeführte Trennung nicht ewig, sondern zeitlich begrenzt.

… der Sprung in ein Schwimmerbecken

Das Sterben ist zu vergleichen mit einem Nichtschwimmer, der bisher keine Erfahrung mit dem Wasser hat. Er hatte zwar verschiedene Trockenübungen gemacht und von anderen Menschen gehört, dass das Wasser einen tragen würde. Doch noch keiner von ihnen war selbst im Wasser.

Nun steht dieser Nichtschwimmer am Beckenrand und wird vom Tod in das Becken gestoßen. Der Nichtschwimmer weiß nicht, ob überhaupt Wasser in dem Becken ist – und wenn doch, ob dieses Wasser trägt.

Der gläubige Mensch fällt nach vorne in dem Vertrauen, dass Wasser in dem Becken ist und dass dieses Wasser ihn tragen wird. – Für den ungläubigen Menschen ist mit diesem Fall in das Becken sein Leben zu Ende.

… der Sprung mit Fallschirm aus einem Flugzeug

Zuweilen wird vom „Raumschiff Erde“ gesprochen, auf dem wir Menschen leben. Weit können wir sie nicht verlassen. Seit dem Jahr 1969 ist die größte Entfernung von der Erde, die je ein Mensch erreicht hat, der Mond. Selbst wenn wir in einigen Jahren bis zum Mars fliegen können, was sind das für kleine Sprünge im Vergleich zu unserem Sonnensystem oder gar zum Universum.

Wenn nun dieses „Raumschiff Erde“ noch zu einem Flugzeug schrumpft, so kann hieraus ein weiteres Bild für das Sterben entstehen. Wir Menschen leben in diesem Flugzeug bis zu unserem Lebensende. Dann verlassen wir dieses Flugzeug und befinden uns in der Freiheit der Lüfte. Nichts Irdisches wird uns dann begrenzen. Wir werden frei sein, wie wir Freiheit noch nie kennengelernt haben.

... Achterbahnfahren

Sterben ist auch wie Achterbahnfahren: Der Patient kommt in die Klinik. Sein Zustand ist so schlecht, dass er gleich auf die Intensivstation verlegt werden muss. Nach einigen Tagen haben sich die Angehörigen von diesem Schreck erholt, da verschlechtert sich der Zustand des Patienten. Er muss künstlich beatmet werden. Alle bangen um das Leben des Patienten.

Der Zustand stabilisiert sich. Der Patient kommt wieder zu Kräften. Bald kann er wieder selbstständig atmen. Nach Tagen wird überlegt, ob die Verlegung auf die normale Station in den Blick genommen wird. Da verschlechtert sich plötzlich wieder der Zustand des Patienten ...

Solches Auf und Ab kann sich über Wochen und Monate hinziehen. Für die Angehörigen ist dies eine gewaltige psychische Belastung. Diese Zeit zwischen Hoffen und Bangen raubt ihnen alle Nerven und Kräfte. Stirbt dann irgendwann der Patient, sind die Angehörigen häufig emotional und kräftemäßig ausgebrannt. Sie fühlen keine rechte Trauer, sie fühlen sich innerlich wie tot.

... ein Absturz

> Der Fensterputzer eines Hochhauses stürzte beim obersten Stockwerk aus seinem Korb. Bei jeder Etage, an der er vorbei fiel, rief er in das Fenster hinein: „Bisher ging es gut."

Der Patient kommt immer wieder in schlechtem Zustand in die Klinik. Immer wieder können die Ärzte sein Leben retten. Mit dieser Erwartungshaltung kommt der Patient erneut in die Klinik. Doch dieses Mal gibt es keine Hilfe mehr. Dieses Mal verstirbt der Patient.

Die Hinterbliebenen hatten sich schon so sehr an das Muster gewöhnt, dass der Patient „zum Aufpäppeln" in die Klinik kommt, dass sie die Möglichkeit des Sterbens gar nicht mehr in Betracht gezogen haben. Bislang konnten die Ärzte das Leben des Patienten retten. Warum sollte dies einmal anders sein?

Die Hinterbliebenen sind dann ähnlich schockiert wie bei einem plötzlichen Tod und benötigen zur Realisierung des Todes ähnlich viel Zeit.

Fazit
Es gibt viele Bilder, mit denen das Sterben verglichen werden kann. Jedes dieser Bilder beschreibt einen Gesichtspunkt des Sterbens. Doch Sterben ist bunt wie der Regenbogen. Niemand weiß, wie er bzw. sein Angehöriger sterben wird.

1.2 Von kurativer zu palliativer Begleitung

Der Segen der heutigen Medizin ist, dass sie Menschenleben retten kann, wo früher Menschen sicher gestorben sind. Der Fluch der heutigen Medizin ist, dass sie das Sterben verlängern kann, wo früher Menschen einfach gestorben sind. Das Problem in vielen Situationen ist, dass am Anfang der Behandlung niemand zu sagen vermag, ob die Behandlung „Erfolg" hat. „Erfolg" ist nicht nur die völlige Genesung von einer Krankheit und Anknüpfung an das Leben zuvor. Als „Erfolg" wird zuweilen auch gesehen, wenn der Patient zwar überlebt, aber dann ein Pflegefall ist, manchmal nicht in der Lage ist, mit den Gesunden in irgendeiner Art und Weise zu kommunizieren.

Von daher ist es zu jedem Zeitpunkt der Therapie wichtig, den aktuellen Stand in den Blick zu nehmen und täglich neu zu überlegen, ob die bisher durchgeführten Anstrengungen noch gerechtfertigt sind. Sind sie es, weil noch von einer Heilung ausgegangen werden kann, so können sich die Ärzte weiterhin um die Gesundung des Patienten bemühen (kurative Behandlung).

Ist die Gesundung des Patienten sicher ausgeschlossen, so ist neu zu überlegen, was getan wird. Viele Menschen wollen kein Pflegefall sein, sondern lieber sterben. Dies kann in einer Patientenverfügung festgehalten werden. Dann müssen die Ärzte nicht weiter auf „Gesundung" behandeln, wenn klar ist, dass der Patient nur noch ein „Pflegefall" werden kann. Dann dürfen Ärzte einen Patienten auch sterben lassen, ohne Schmerzen, ohne zu ersticken, ohne zu verdursten (palliative Behandlung).

Die Medizin

Da niemand sicher den Ausgang einer Therapie vorhersagen kann, versuchen die Ärzte zunächst mit ihrem ganzen Wissen und Können dem Patienten zu helfen. Meist haben sie damit großen Erfolg. Darüber sind alle glücklich, der Patient, die Angehörigen und auch die Ärzte.

Stellt sich aber dieser angestrebte Erfolg nicht ein, dann haben die Ärzte zusammen mit den Angehörigen zu überlegen, was weiter getan wird. Denn jede medizinische Maßnahme muss zu jedem Zeitpunkt der Behandlung gerechtfertigt werden. Ein „Jetzt haben wir damit begonnen und können nun nicht zurück" gilt nicht. Jede Behandlung kann auch zurückgenommen werden, solange sie die Schmerzfreiheit und ein Nichtaustrocknen des Körpers sicherstellt. Dies wird auch von der deutschen Ärztekammer in verschiedenen Schreiben immer wieder betont.

Das Problem der Ärzte in diesem Umdenken von kurativ zu palliativ hat verschiedene Hürden:

- *Vergangene Erfolge:* Immer wieder kommt es vor, dass Ärzte nach einer ersten Einschätzung des Gesundheitszustandes eines Patienten diesem keine Chance geben. Weil aber zunächst immer alle Anstrengungen gemacht werden, damit der Patient überlebt, wird ihm eine Unterstützung zuteil, die für ihn ausreicht zu überleben. Manchmal überlebt solch ein Patient nicht nur, sondern geht (weitestgehend) gesund auf den eigenen Beinen nach Hause. Angestachelt von solchen Erfolgen hegen Ärzte immer wieder die Hoffnung, dass es eine Wiederholung gibt und dass sie es auch diesmal schaffen.
- *Routine:* Im Alltag arbeiten Ärzte entsprechend dem Hippokratischen Eid, Leben zu retten und Leiden zu lindern. Wenn dabei Sterben kaum vorkommt, haben die Ärzte wenig Übung in diesem Umdenken von kurativer zu palliativer Behandlung. Sie haben einfach keinen Blick dafür.

- *Falscher Ehrgeiz:* Einige wenige Ärzte haben den falschen Ehrgeiz, keinen Menschen sterben zu lassen. Sie sehen dies als persönliche Niederlage im „Kampf gegen die Krankheit". Oft drücken sie sich dabei sprachlich so aus.

Es ist wichtig, dass Ärzte nie den Blick für das Ganze verlieren und sich gerade bei kritischen Patienten immer wieder fragen, ob ihre kurative Behandlung noch gerechtfertigt ist. Wenn dies nicht mehr der Fall ist, dann sollten sie unverzüglich mit dem Patienten und/oder dem Bevollmächtigten bzw. den Angehörigen darüber sprechen.

Es ist Aufgabe des Arztes, dass von ihm dieser Impuls kommt, denn er ist für die Behandlung des Patienten verantwortlich, er kennt den Gesundheitszustand am besten und er darf nicht gegen den Willen des Patienten therapieren.

Die Angehörigen

Oft bringen die Angehörigen den Patienten in die Klinik. Sie sind an seiner Gesundung interessiert. Oftmals war es so, dass die Ärzte helfen konnten und der Patient wieder (weitestgehend) gesund nach Hause konnte. Von dieser Hoffnung geleitet, versuchen es die Angehörigen wieder und übersehen, dass sich die Situation geändert hat. Sie fragen sich, warum nun nicht mehr geholfen werden kann, wo doch bisher immer geholfen werden konnte.

Auch wenn keine Krankenhausaufenthalte vorausgegangen sind, so sind auch hier die Angehörigen von der Hoffnung getrieben, dass die Ärzte dem Patienten helfen können. Konnten sie anderen helfen, warum dann nicht auch ihrem Patienten?

Auch bei „einfachen" Operationen oder Krankheiten kann es zu Komplikationen kommen. Der Gesundheitszustand verschlechtert sich und wird kritisch.

Frau W. lag nach einer schweren Operation auf der Intensivstation. Ihr Gesundheitszustand war stabil. Sie sprach mit Ärzten, Pflegenden und Angehörigen. Nach Tagen verschlechterte sich ihr Zustand. Frau W. musste ins künstliche Koma gelegt und künstlich beatmet werden. Der Zustand verschlechterte sich zusehends. Ihre Tochter war Krankenschwester und konnte daher verstehen, was in der Krankenakte niedergeschrieben war. Sie wusste, was es heißt, wenn diese Medikamente in diesen hohen Dosen verabreicht wurden. Die Ärzte sprachen mit ihr und sagten mit klaren Worten, dass sie am Ende ihrer Möglichkeiten seien und sich der Gesundheitszustand von Frau W. zunehmend verschlechtert. Ihre Tochter verstand aber trotz der ihr vorliegenden Fakten und der Worte der Ärzte nicht, dass bei ihrer Mutter der Sterbeprozess unaufhaltsam begonnen hatte. Niemand nahm das Wort „Sterben" oder „Tod" in den Mund. – Als Tochter und Enkelin bei einem Krankenbesuch wegen eines Notfalls kurz nach draußen gebeten wurden, nutzte ich die Chance und sagte zur Tochter: „Bei Ihrer Mutter hat der Sterbeprozess begonnen. Trotz aller Bemühungen der Ärzte werden die Werte Ihrer Mutter immer schlechter. Dieser Prozess kann nicht mehr aufgehalten, sondern nur noch verzögert werden." Da fiel es der Tochter wie Schuppen von den Augen. Der Vorhang des Verdrängens des Todes fiel und sie konnte erkennen, was die Fakten bedeuteten, die sie die letzten Tage zwar las, aber nicht wahrhaben wollte. Sofort sagte sie: „Natürlich, jetzt verstehe ich, was die Ärzte mir in den letzten Tagen sagen wollten", und sie fuhr fort: „Das Sterben der Mutter muss nicht verlängert werden. Mutter darf in Frieden sterben." Dies sagte sie auch dem Arzt, der dann entsprechend handelte.

Gerade dieses Beispiel zeigt, dass man sogar selbst vom Fach sein kann, aber weder die Worte der Ärzte noch die vorliegenden Fakten richtig zu deuten vermag, weil man es einfach nicht wahrhaben will, dass nun der Angehörige im Sterben liegt. Es konnte nicht sein, was nicht sein durfte, und dennoch war es so: Die Mutter lag im Sterben und starb auch wenige Tage später.

Menschen sind – wie alles Lebende – endliche Wesen. Unser Leben hier auf Erden hat ein Ende. Dabei spielt es keine Rolle, ob dieses Ende bereits während der Schwangerschaft erfolgt (Tot- und Fehlgeburt) oder im hohen Alter mit über 100 Jahren.

„Der Tod hat noch niemanden vergessen", so sagt der Volksmund. Dessen sollten wir uns auch in unserer Zeit mit aller Hightech-Medizin immer bewusst sein.

Der Sterbende

Der am schwersten Betroffene ist der Sterbende selbst. Oft kommt er hoffnungsvoll als Kranker in die Klinik und geht von einer Gesundung aus. Schon viele Male wurde ihm auch erfolgreich geholfen. Warum sollte es diesmal anders sein?

Dieses Bild setzt sich vor allem bei den Patienten fest, die langjährig Krankenhausaufenthalte vorzuweisen haben. Immer wieder wurde ihnen geholfen. Nun sollte es anders sein? Warum denn?

Hier hat der Sterbende die größte Aufgabe unter allen Beteiligten zu leisten. Er hat seine nahe Endlichkeit anzunehmen. Er darf sich zwar dagegen wehren, aber er wird sterben. Er kann seine Endlichkeit verdrängen, aber nicht verhindern.

> Frau S. hatte Krebs. Zwei Jahre konnte sie die Krankheit mit Chemotherapie ruhig halten. Dann aber verschlechterte sich ihr Zustand zunehmend. Frau S. hoffte noch immer darauf, dass der Krebs – so wie bisher – mit Chemotherapie wieder in den Griff zu bekommen sei. Ihre Übelkeit und ihre Schwäche deutete sie als Nebenwirkung der Chemotherapie. Die Hinweise der Ärzte tat sie als Irrtümer ab. Noch am Sterbetag fragte sie hoffnungsvoll: „Ich werde doch wieder gesund?" Ihr letzter Satz war dann: „Ich muss doch nicht sterben, oder?" Danach machte sie noch einen Atemzug und war tot.

Dieses Beispiel ist die Ausnahme, aber es zeigt, wie verbissen Menschen bis zum letzten Atemzug versuchen, sich gegen ihr eigenes Sterben zu wehren.

Es steht jedem Menschen frei, so wie Frau S. zu sterben, oder früher die eigene Endlichkeit zu akzeptieren. Die eigene Endlichkeit zu akzeptieren ist eine der größten Leistungen des Menschen, zu der er aufgerufen ist. Dies bedeutet für den Sterbenden das Ende alles Irdischen. Er hat allen Besitz loszulassen. Er hat von allen Beziehungen zu seinen Lieben zu lassen. Es wird das Ende seines Seins auf Erden sein. Nur seine Werke und die Erinnerung der Menschen werden noch eine Zeit lang bleiben. Davon wird er aber nichts mehr haben.

Das wohl Schwerste daran dürfte sein, dass man selbst nicht mehr sein wird. Man wird keinen Einfluss nehmen können. Man wird nichts mehr erleben. Man wird nichts mehr sein, außer Vergangenheit.

Für atheistische Menschen wird mit dem Tod der Schlusspunkt ihres Seins gesetzt. Gleichgültig wie schön oder wie schwer ihr Leben war, es wird nicht mehr sein. Man wird nur noch eine Zeit lang Erinnerung sein.

Für gläubige Menschen geht das Leben nach dem Tod weiter. Gläubige Menschen glauben an ein ewiges Leben. Wenngleich niemand von ihnen genau weiß, wie es weiter geht, vertrauen sie darauf, dass sie als Person mit dem Tod nicht ausgelöscht werden, sondern dass ihre Seele weiterlebt, dass sie ewig weiterlebt.

> Pater M. SAC (Pallottiner) war ein tief spiritueller Mensch. Er hielt viele Exerzitien. Mit noch nicht 60 Jahren erkrankte er an Krebs. Bald stand fest, dass es für ihn keine Heilung gab. Sein Kommentar dazu war: „Jetzt habe ich das zu leben, was ich immer anderen Menschen gepredigt habe."

Pater M. konnte seine eigene Endlichkeit annehmen, wenngleich er gerne noch einige Jahre gelebt hätte. Es zeigt aber auch, dass es selbst für gläubige Menschen nicht leicht ist, die eigene Endlichkeit anzunehmen, insbesondere dann, wenn das Ende früh kommt.

Neben der Annahme der eigenen Endlichkeit stehen Sterbende mitunter auch im Spannungsfeld zwischen den Informationen des Arztes – dass es sehr ernst um ihn aussieht – und den Erwartungen, zuweilen sogar Forderungen der Angehörigen, dass er nichts unversucht lassen, keine angebotene Therapie und Behandlung auslassen und den eigenen Lebenswillen nicht aufgeben soll.

Wie soll sich der Sterbende verhalten? Woran kann er sich orientieren? Darf er denn auch eigene Wünsche haben? An wen darf er diese richten? Kann er sich damit durchsetzen? Woher soll er in seinem Zustand die Kraft nehmen, um seiner Bitte Nachdruck zu verleihen?

Wie schön wäre es doch, wenn er einfach gefragt werden würde, was er selbst möchte! Schließlich geht es um sein eigenes Sterben, seinen eigenen Tod. Deshalb ist es so wichtig, dass es zumindest einen Menschen gibt, der nach dem Willen des Sterbenden fragt und entsprechend handelt. Schöner wäre es, wenn alle Menschen so mit dem Sterbenden umgehen würden. In Hospizen wird versucht, dies zu leben.

Spirituelle Begleitung

Im Laufe unseres Lebens gibt es kaum eine Information, die so weitreichend ist wie die, dass die ärztliche Behandlung von kurativ zu palliativ wechselt. Für viele Menschen wird erst mit dieser Mitteilung so recht klar, dass ihr Leben nicht irgendwann endlich ist, sondern sehr bald zu Ende sein wird.

Oft zerbrechen mit dieser Mitteilung Hoffnungen und Lebenspläne. Die Frage nach dem „Warum?“ wird ganz neu aufgeworfen. Der Glaube wird damit einer schweren Prüfung unterzogen. Menschen stürzen dabei in ein seelisches Tief. Daher sollten sie gerade hierbei gut begleitet werden.

> In der seelsorglichen Begleitung erfahre ich es immer wieder für die Angehörigen als sehr hilfreich, wenn ich nach dem Wechsel von kurativer zu palliativer Behandlung nun auch nicht mehr um Heilung des Patienten bete, sondern um Gottes Begleitung. Hier ist Psalm 23 vom guten Hirten ein schönes Bild. Psalm 23 nennt drei große Weg-Stationen, die für den Sterbenden wie zugeschnitten sind: Gott ließ uns lagern auf grünen Auen (dieses irdische Leben). Nun muss der Sterbende durch das finstere Tal (Sterben und Tod), um hernach für immer am reichlich gedeckten Tisch Gottes zu sitzen (Himmel). In dieser Intention mit dem Sterbenden und seinen Angehörigen gebetet, macht allen Menschen deutlich, dass nun ein anderer Weg ansteht. Von diesem Weg gibt es keine Rückkehr. Er ist aber auch keine Sackgasse, sondern geht in anderer Weise weiter.

Dies zeigt deutlich, dass auch Seelsorger in ihren Gebeten und Riten den Schritt von kurativ zu palliativ machen sollten. Diese Veränderung sollte in Gebeten und Handlungen deutlich zum Ausdruck gebracht werden.

Klare Worte eines Arztes

Sherwin B. Nuland lehrt Chirurgie und Medizingeschichte an der Yale University. Er war 35 Jahre als Arzt tätig, bevor er das Buch „Wie wir sterben“ schrieb. In seiner Zusammenfassung geht er mit klaren Worten auf die Aufgaben der modernen Medizin ein.

Sherwin B. Nuland beschreibt das Beispiel der 92-jährigen Hazel Welch, die an verschiedenen Krankheiten litt (Arthritis, Arteriosklerose, ...) und die ohne messbaren Blutdruck vom Pflegeheim in die Klinik kam. Nach einer intravenösen Infusion war ihr Zustand soweit stabil, dass sie geröntgt werden konnte. Die Diagnose war klar: Sie hatte einen Darmdurchbruch, wohl in Verbindung mit einem Geschwür unmittelbar unter dem Magen.

Sherwin B. Nuland überredete die Patientin zu einer Operation, die ihr Leben retten sollte. Frau Welch stimmte zu. Die Operation war schwieriger als gedacht. Nach über eine Woche Intensivstation war sie wieder ansprechbar. Frau Welch war höchst verärgert, weil sie diesen Zustand auf der Intensivstation nicht in Kauf nehmen wollte. Sie wäre lieber an den Folgen ihres Darmdurchbruchs gestorben.

Der Zustand von Frau Welch verbesserte sich so weit, dass sie wieder ins Pflegeheim verlegt werden konnte. Dort erklärte sie nachdrücklich, dass sie die kürzlich gemachten Erfahrungen in der Klinik nicht wiederholen möchte, dass sie keinesfalls wieder in eine Klinik will. Frau Welch erlitt 2 Wochen später einen Schlaganfall, an dessen Folgen sie noch am gleichen Tag starb. Sherwin B. Nuland stellt damit die Sinnhaftigkeit seines eigenen Tuns kritisch in Frage.

Rückblickend zeigt sich für Sherwin B. Nuland deutlich: „Der wichtigste Faktor beim Tod meiner Patientin war aber wohl ihr Todeswunsch, ein Wunsch, den ich törichterweise nicht respektiert hatte. Ich hatte ein medizinisches Problem gelöst, ein menschliches aber aus den Augen verloren.“ (371)

Ähnliche Fälle gibt es immer wieder: „Meist ist das Credo der High-Tech-Medizin doch stärker: Der Patient muss um jeden Preis gerettet werden.“ (372)

Sherwin B. Nuland geht anhand seines Beispiels von Frau Welch sehr kritisch mit der Nutzung der modernen Medizin um: Frau

Welch wollte natürlich sterben. „Stattdessen erlitt sie das Schicksal von so vielen Todkranken, die ihre letzten Tage in der sterilen Einsamkeit einer Intensivstation verbringen – inmitten einer Hochtechnologie, die entwickelt wurde, um Menschen in ein normales, sinnvolles Leben zurückzuführen." (373)

Sherwin B. Nuland schreibt im Zusammenhang mit Sterben gerne von verschiedenen Wegen, über die wir aus dem Leben treten können. Für Frau Welch war der Darmdurchbruch ein geeigneter Weg, um aus dem Leben zu scheiden. Sherwin B. Nuland überredete sie dazu, diesen Weg nicht zu nehmen. Sie nahm einige Wochen später den Weg des Schlaganfalls. War damit der Aufwand der Operation gerechtfertigt?

Das Problem benennt Sherwin B. Nuland sehr deutlich: Wir haben einen sehr hohen Stand der Medizin, der heute Leben rettet, wo noch vor 10 Jahren die Menschen unweigerlich gestorben wären. Diese Medizin wurde entwickelt, um die „Menschen in ein normales, sinnvolles Leben zurückzuführen".

Wenn Patienten als Notfall in die Klinik eingeliefert werden, wird zunächst alles versucht, um das Leben zu retten. Dies ist insbesondere der Fall, wenn der Patient noch jung oder der Klinik nicht bekannt ist. – Ist jedoch der Patient der Klinik bekannt, weiß man um seine schweren Vorerkrankungen, dann stellt sich die Frage, ob wirklich versucht werden soll, dieses Leben noch zu retten oder ob man nicht besser hier der Natur einfach ihren Lauf lassen sollte.

Sherwin B. Nuland fordert daher: „Wir brauchen einen Menschen, der uns kennt und auch die Wege, auf denen wir uns dem Tod nähern. Und es gibt so viele Wege, die durch das Dickicht der Krankheit führen, so viele Etappen, an denen wir rasten, weitergehen oder die Reise beenden. Daher brauchen wir bis zum Schluss den Beistand der Menschen, die uns lieb und teuer sind, und das Wissen des Heilkundigen, der uns zu dem Weg raten kann, den wir am Schluss ganz allein gehen müssen … Wie auch immer unser System der Gesundheitsfürsorge reformiert werden wird, diese einfache Wahrheit sollte dabei beherzigt werden." (391)

Für sich selbst formuliert Sherwin B. Nuland seinen Wunsch für das eigene Sterben so: „Ich will nicht später sterben als nötig, nur weil ein hochqualifizierter Spezialist nicht versteht, wer ich bin." (391)

Die Entscheidung

Den ersten entscheidenden Beitrag in diesem Prozess hat sicherlich der Arzt zu leisten. Er ist dazu verpflichtet, den Patienten wahrheitsgemäß über seinen Gesundheitszustand auf dem Laufenden zu halten. Damit nimmt er eine Ortsbestimmung vor, von der aus der Patient bestimmen kann, wie es nun weitergehen soll. Hierzu sollte der Arzt die medizinischen Möglichkeiten aufzeigen, aber auch die Nichtbehandlung der Krankheit als eine Option beständig offen lassen.

> Herr O. bekam erst eine Chemotherapie, damit sein Darmkrebs schrumpft und damit leichter operiert werden konnte. Weil nicht das gesamte Krebsgeschwür entfernt werden konnte, wurde hernach die Chemotherapie fortgesetzt. Diese schwächte ihn so stark, dass er sich dem Tode nahe fühlte. Er lehnte eine weitere Behandlung durch Chemotherapie ab und ließ seine ganze Familie zum Abschied kommen. Im Rahmen einer Krankensalbung nahm er bewusst Abschied. Herr O. starb aber nicht, sondern gewann wieder an Kräften. Als er sich nach einigen Wochen wieder stark genug fühlte, bat er um die Fortsetzung der Chemotherapie. Sie brachte jedoch nicht den erhofften Erfolg. Herr O. verstarb nach monatelangem Aufenthalt in der Klinik. – Dieses Absetzen der Chemotherapie war nur möglich, weil Arzt und Patient im ständigen Kontakt zueinander standen und immer wieder neu sich fragten, wie es weitergehen sollte. Von beiden Seiten bestand die Offenheit, die einmal begonnene Therapie jederzeit abzubrechen bzw. jederzeit wieder fortzusetzen.

Es gibt Ärzte, die sich schwer tun mit diesem Selbstbestimmungsrecht der Patienten. Sie sehen sich in diesen Fällen zum „Erfüllungsgehilfen" der Patientenwünsche abgestuft. Dabei sind sie doch die medizinischen Fachleute. Das will ihnen auch niemand absprechen, im Gegenteil, gerade weil sie die medizinischen Fachkräfte sind, erwartet man, offen über den aktuellen Stand der Lage informiert zu sein. Gleichzeitig hat der Arzt mit seiner ihm eigenen Kompetenz die Aufgabe, dem Patienten aufzuzeigen, welche Möglichkeiten für ihn sinnvoll sind. Er weiß, ob es z. B. bei einem diagnostizierten Krebsgeschwür sinnvoll ist,

- erst mit einer Chemotherapie zu beginnen, mit einer Operation den geschrumpften Tumor zu entfernen und hinterher zur Sicherheit mit einer Bestrahlung die Therapie zu beenden,
- oder ob gleich mit einer Operation begonnen werden sollte und anschließend mit einer Kombination von Chemotherapie und Bestrahlung die größten Erfolge erzielt werden können,
- oder ob nur mit einer Chemotherapie der Krebs angegangen werden kann, weil der Krebs aufgrund seiner Lage nicht operiert werden kann und eine Bestrahlung bei diesem Krebs keine rechte Wirkung zeigen wird,
- oder ob der Krebs bereits so weit gestreut hat, dass es keine Heilung gibt und nur noch mit einer Chemotherapie versucht werden kann, etwas Lebenszeit herauszuschinden.

Hier ist die Fachkompetenz des Arztes nach der Diagnose gefragt. Ein junger Mensch wird in einer aussichtslosen Situation sicherlich alles versuchen, um die Krankheit zu bekämpfen oder zumindest einzudämmen. Ein alter Mensch, der schon verschiedene Erkrankungen mitbringt und dem das Leben bereits zur Qual geworden ist, wird sich in der gleichen Situation vielleicht gegen eine Therapie aussprechen und den drohenden Tod willkommen heißen.

Dies ist der Grund, warum Sherwin B. Nuland den Arzt als Kenner der Wege aus dem Leben bezeichnet. Der Arzt hat mit seinen Informationen und seinem Handeln Einfluss darauf, welchen Weg der Sterbende nimmt bzw. nicht nimmt. Zusammen mit dem Patienten trifft er die Entscheidung, wobei dem Arzt die Rolle des Informierenden und Ausführenden zufällt. Der Patient hat hingegen die Entscheidung zu treffen, welche Behandlung er will und welche nicht.

Hat der Sterbende den Eindruck, dass es zu keiner wirklichen Genesung kommen wird, so sollte er dies klar und deutlich dem Arzt sagen. Unter Umständen nimmt der Patient mit diesem Schritt dem Arzt die Sorge ab, wie er ihm sagen soll, dass es keine Heilung mehr geben wird. Damit ist das Thema benannt und kann offen besprochen werden.

Ist der Sterbende nicht in der Lage, diese Entscheidung selbst zu treffen, so muss sie sein gesetzlicher Vertreter fällen. Seit September

2009 schreibt dies für Deutschland des Betreuungsgesetz vor. Meist ist dies ein Angehöriger der Familie.

Hat ein gesetzlicher Vertreter die Entscheidung zu fällen, welche Behandlung der Sterbende erfahren soll, bleibt meist eine große Unsicherheit. Sie sollten sich bewusst machen, dass sie die Aufgabe haben, den mutmaßlichen oder bekannten Willen des Patienten zu erfüllen. Familienangehörige haben oft den Eindruck, dass sie damit über Leben und Tod zu entscheiden hätten. Auch wenn eine Patientenverfügung vorliegt und sie von dem Sterbenden wissen, dass dieser selbst auch so entschieden hätte, fühlen sich die Entscheidungsträger oft schuldig. Aber sie entscheiden nicht über Leben und Tod, sondern erfüllen den Willen des Patienten.

Leben bis zum Schluss

Du hast keine Chance – nutze sie!

Dieser Spruch aus der Sponti-Szene ist gerade am Ende des Lebens sehr nützlich, denn immer wieder warten Menschen mit einer unheilbaren Krankheit oder solche, die von kurativer zu palliativer Behandlung wechseln, nur noch auf den Tod. Sie leben nicht mehr. Sie wollen einfach nur, dass das Sterben bald vorüber ist.

Dabei haben Sterbende häufig bis in die letzten Tage oder gar letzten Stunden ihres Lebens noch viele Möglichkeiten, um am Leben aktiv teilzunehmen. Meist ist es eine Frage, ob sie es im Laufe ihres Lebens gelernt haben, mit Einschränkungen zu leben, und ob sie gelernt haben, bewusst zu leben und nicht nur zu funktionieren, nicht nur ständig Leistung zu erbringen.

Hier drei Beispiele von Menschen, die es fertig brachten, trotz ihrer Einschränkungen zu leben:

- *Helen Adams Keller* (1880–1968) verlor durch eine Hirnhautentzündung im Alter von 19 Monaten ihr Seh- und Hörvermögen. Als blinde Gehörlose lernte sie eine Sprache, die den Menschen durch Zeichen in die Hand gedrückt wird. Sprechende Menschen lernte Helen Keller durch Abtasten der Lippenbewegungen zu verstehen. Sie wurde als große amerikanische Schriftstellerin in der Washington National Cathedral beigesetzt. Von ihr ist der Spruch bekannt: „Ich klagte darüber, dass ich keine Schuhe hatte, bis ich einen traf, der keine Beine hatte."

- *Jean-Dominique Bauby* (1952–1997) war französischer Journalist. Ein erlitt am 8.12.1995 einen schweren Schlaganfall, der ihn ins Lock-in-Syndrom brachte. Er war nur in der Lage, mit einem Auge zu zwinkern. Ihm wurde eine Vorrichtung gebaut, die sein Augenzwinkern in den PC aufnahm. Wurde ihm der richtige Buchstabe angezeigt, zwinkerte er. So schrieb er das Buch „Schmetterling und Taucherglocke", ein sehr wichtiges Buch, das Einblick in das Leben von Menschen im Wachkoma gibt.
- Als *Stephen Hawking* (*1942) im Studium in Oxford war, gab es erste Anzeichen von Amyotropher Lateralsklerose (ALS), einer unheilbaren degenerativen Erkrankung des motorischen Nervensystems. In Folge der Erkrankung kommt es zu Muskelschwäche und Muskelschwund. Die mittlere Überlebenszeit beträgt drei bis fünf Jahre. Stephen Hawking studierte ungebrochen weiter und wechselte von 1963 bis 1965 nach Cambridge. Seit 1968 braucht Hawking einen Rollstuhl. Eine Lungenentzündung machte 1985 einen Luftröhrenschnitt notwendig, wodurch er seine natürliche Sprachfähigkeit verlor. Er erhielt einen Sprachcomputer, mit dem er es auf bis zu 15 Wörter in der Minute schaffte. Da seine Hand für die Steuerung des Sprachcomputers zu schwach wurde, erhielt er einen Infrarotsensor an seiner Brille, der auf seinen rechten Wangenmuskel reagiert. Am 1.10.2009 gab Stephen Hawking mit dem Erreichen der Altersgrenze den berühmten Lucasischen Lehrstuhl für Mathematik an der Universität Cambridge nach 30 Jahren ab.

Diese Beispiele zeigen deutlich, dass man nicht wie ein Kaninchen vor der Schlange sitzen muss, darauf wartend, bis man stirbt. Man darf im Rahmen seiner Möglichkeiten auch bis zum Schluss leben.

> *Die größte Tragödie unseres Lebens besteht nicht darin, sterben zu müssen, sondern darin, nicht wirklich gelebt zu haben.* *(Robert W. Buckingham)*

1.3 Verschiedene Bewusstseinszustände und Vorstadien des Todes

Das normale menschliche Leben ist gekennzeichnet von seinen Bewusstseinszuständen von schlafend und wach. Unfall oder Krankheit können Menschen in verschiedene Bewusstseinszustände bringen, die alle dauerhaft sind. Lediglich beim Locked-in-Syndrom besteht eine geringe Möglichkeit, aus diesem wieder ins normale Leben zurückzukommen.

Es handelt sich somit bei ihnen allen nicht um ein Durchgangsstadium, aus dem man wieder zurückkommt. Ihr dauerhafter Zustand wird alleine durch den Tod beendet, manchmal nach Wochen, oft aber erst nach Monaten oder gar Jahren, manchmal sogar erst nach Jahrzehnten.

Durch Unfall oder Erkrankung (z. B. Schlaganfall = Hirnschlag) kann jeder Mensch – unabhängig vom Alter und bisherigem Gesundheitszustand – innerhalb von Sekunden in den Zustand von Locked-in-Syndrom, Apallischem Syndrom oder Hirntod kommen. Man besitzt dann keine Möglichkeit mehr, irgend etwas zu regeln.

Um in der Patientenverfügung die richtigen Entscheidungen treffen zu können, ist es wichtig, über diese verschiedenen Bewusstseinszustände aufzuklären. Man muss um ihre Tragweite und ihre Unterschiede wissen, um seinen Willen hierzu mitteilen zu können. Denn nur was ich verstehe, kann ich beurteilen. Daher zunächst ein kurzer Überblick:

Zustandsform	**Wahrnehmung**	**Handlungsfähigkeit**	**Aussichten**
Demenz	eingeschränkte bis volle	volle	keine Die Symptomatik nimmt über einen längeren Zeitraum zu. Sie kann nur bedingt verzögert werden.

Zustandsform	**Wahrnehmung**	**Handlungsfähigkeit**	**Aussichten**
Locked-in-Syndrom (Wachkoma)	eingeschränkte bis volle	keine oder nur eine minimale	sehr geringe Nur die wenigsten Patienten gelangen aus diesem Zustand zu einem normalen Leben zurück. Die meisten Patienten verbleiben bis zu ihrem Tod in diesem Zustand.
Apallisches Syndrom	keine	keine	keine Der Patient vegetiert bis zum Lebensende dahin. Groß- und Kleinhirn arbeiten nicht mehr. Es funktionieren nur lebenswichtige Reflexe des Stammhirns wie Atmung, oft nicht alle Reflexe.
Hirntod	keine	keine	keine Der Patient ist faktisch tot, sein Körper funktioniert nur noch durch die Gerätemedizin (künstliche Beatmung).
Tod	keine	keine	keine Der Patient ist tot. Alle seine Körperfunktionen sind erloschen. Er ist ein Leichnam.

Bei Menschen mit Demenz, Locked-in-Syndrom und Apallischem Syndrom handelt es sich nicht um Sterbende im eigentlichen Sinn. Diese Menschen leben alle in ihrer je eigenen Bewusstseinsform. Dieser Zustand kann Tage oder auch viele Jahre dauern. Lediglich ein für hirntot erklärter Mensch – d. h. erst nach erfolgreichem Abschluss der Diagnose – ist ein Toter.

(Bei den nachfolgenden Beschreibungen diente Wikipedia als Quelle.)

Demenz

Demenz (lat. Dementia „ohne Geist“ bzw. Mens = Verstand, de = abnehmend) ist ein Verlust an kognitiven, emotionalen und sozialen Fähigkeiten, der zu einer Beeinträchtigung sozialer und beruflicher Funktionen führt und meist mit einer diagnostizierbaren Erkrankung des Gehirns einhergeht. Vor allem sind das Kurzzeitgedächtnis, ferner das Denkvermögen, die Sprache und die Motorik, bei einigen Formen auch die Persönlichkeitsstruktur betroffen. Die am häufigsten auftretende Form der Demenz ist die Alzheimer-Krankheit.

Demenz ist somit nicht nur durch den Verlust des Geistes gekennzeichnet, aufgrund dessen die Menschen innerhalb von einer Minute dreimal fragen können, wie spät es ist oder wo sie sich nun befinden. Der Verlust des Geistes kann auch dazu führen, dass niemand mehr erkannt wird, dass man dauerhaft in den Menschen – auch in den engsten Angehörigen – jemand anderen sieht, oft einen Verstorbenen.

Demenz kann für das soziale Umfeld zu einer enormen Belastung werden. Dies trifft besonders zu, wenn Demenz die Persönlichkeit verändert. Dabei kann aus einem liebenswerten Menschen ein wahres Ekel werden.

Für Demenzkranke sieht die Welt merkwürdig und unverständlich aus, weil sie die spezifische menschliche Wahrnehmungsfähigkeit, die Orientierung, verlieren. Sie können die Gegenstände, Situationen und Personen nicht in einen größeren Kontext einordnen. Aufgrund ihrer Erinnerungsstörungen ist ihnen der Zugriff auf früheres Wissen und frühere Erlebnisse verwehrt. Sie können sich ohne deren Hilfe in der jetzigen Situation nicht zurechtzufinden. Oft verschwimmt der Unterschied zwischen Traum, Vergangenheit und Realität. Oft kommt es zu Halluzinationen. Im Umgang mit dementen Menschen ist es oft nicht möglich, diesen die Irrealität der Halluzinationen zu erklären.

Das Wichtigste im Umgang mit an Demenz erkrankten Menschen ist Geduld. Durch Ungeduld seitens der Kontaktpersonen hat der Betroffene das Gefühl, etwas falsch gemacht zu haben. Dies führt zu Unzufriedenheit, Traurigkeit und Unwohlsein, denn kein Mensch macht gerne Dinge falsch.

Demenzkranke sind aufgrund ihrer Gedächtnisstörung kaum in der Lage, irgend etwas zu lernen. Ihr Leben ist gekennzeichnet vom Vergessen. Daher sind sie auch in der Lage zu fragen, wann es denn endlich etwas zu essen gibt, während das Geschirr abgeräumt wird.

Wenn man versucht, sich in die Gefühlswelt demenzkranker Menschen hineinzuversetzen, fällt die Kommunikation mit ihnen leichter. Im Idealfall erfassen die Pflegenden die hinter den Halluzinationen stehende Stimmung und gehen auf diese ein.

Demenz ist eine bislang unheilbare Krankheit. In einigen Fällen kann man medikamentös den Verlauf um ein bis zwei Jahre aufhalten, wenn die Erkrankung frühzeitig erkannt und behandelt wird.

Locked-in-Syndrom (Wachkoma)

Das Locked-in-Syndrom, auch Eingeschlossensein, bezeichnet einen Zustand, in dem ein Mensch bei erhaltenem Bewusstsein völlig oder teilweise unfähig ist, mit der Außenwelt zu kommunizieren. Bei teilweiser Kommunikationsfähigkeit vermag der Patient meist nur eine Tätigkeit auszuführen (z. B. mit einem Auge zwinkern, mit einem Auge „nicken", mit dem Kopf nicken, die Hand bewusst drücken). Da der Hörsinn völlig intakt ist, kann der Patient Ja-Nein-Fragen beantworten. Liegt eine völlige Kommunikationsunfähigkeit vor, so kann er zwar alles wahrnehmen, sich aber in keiner Weise äußern.

Das Locked-in-Syndrom grenzt sich vom Apallischen Syndrom dadurch ab, dass das Bewusstsein des Patienten größtenteils erhalten bleibt. Er ist oft genauso aufnahmefähig wie ein Gesunder. Er kann alles in seiner Umgebung hören und verstehen, kann sich aber nicht mitteilen.

So konnte z. B. Jean-Dominique Bauby nach einem Schlaganfall nur ein Augenlid bewusst bewegen. Bauby schrieb so – nur mit Augenzwinkern – das Buch „Schmetterling und Taucherglocke" und verstarb wenige Wochen nach Erscheinen des Buches, ohne den Zustand des Eingeschlossenseins je verlassen zu haben.

Es ist für medizinische Laien sehr schwierig, das Locked-in-Syndrom von anderen Formen der Querschnittlähmung mit Bewusstseinsverlust zu unterscheiden. Die Betreuung macht besondere Pflegemaßnahmen erforderlich. Gewöhnlich muss der Patient wegen Schluckstörungen künstlich ernährt werden.

Die Krankheit ist schwerwiegend und weist eine erhebliche Sterblichkeit auf. Eine teilweise erfolgende Besserung ist aber möglich. Warum es in absoluten Ausnahmefällen einige Patienten immer wieder schaffen, aus ihrem Eingeschlossensein herauszukommen und zu ihrem früheren Leben zurückzukehren, ist noch nicht erforscht.

Apallisches Syndrom

Das Apallische Syndrom wird hervorgerufen durch eine schwerste Schädigung des Gehirns, meist verursacht durch ein Schädel-Hirn-Trauma oder Sauerstoffmangel (Hypoxie) als Folge eines längeren Herzstillstandes. Dies führt zu einem funktionellen Ausfall der gesamten Großhirnfunktion oder größerer Teile, d. h. die Patienten können weder hören, sehen, riechen, schmecken, fühlen noch denken.

Funktionen von Zwischenhirn, Hirnstamm und Rückenmark bleiben hingegen erhalten, d. h. sie atmen selbstständig und das Herz schlägt weiter.

Dadurch wirken die Betroffenen wach, haben aber aller Wahrscheinlichkeit nach kein Bewusstsein und nur sehr begrenzte Möglichkeiten der Kommunikation mit ihrer Umwelt, d. h. nur noch einzelne Reflexe.

In Deutschland wird von wenigstens 10.000 Betroffenen ausgegangen.

Die Patienten werden meist zunächst auf einer Intensivstation behandelt. In dieser Zeit sind sie oft komatös, müssen künstlich beatmet und ernährt werden. Nach Sauerstoffmangel treten oft starke Muskelzuckungen und Krämpfe auf. Auch das Gähnen ist ein typisches Symptom.

Diese Zeichen können leicht fehlinterpretiert werden. Angehörige haben immer das Verlangen, mit dem Patienten in Kontakt zu treten und von ihm eine „Antwort" zu bekommen. Wurde kurz vor einer Verkrampfung von den Angehörigen eine Frage gestellt, so wird meist die Verkrampfung als „Antwort“ gewertet. Meist fehlt den Angehörigen das Verständnis, dass hierbei die von ihnen gestellte Frage rein zufällig kurz vor der willkürlichen Zuckung erfolgte. Diese vermeintliche „Antwort“ wird von den meisten Angehörigen gleich als Lebenszeichen gewertet und weckt Hoffnungen, die nicht erfüllt werden können.

Daher ist es für die Angehörigen eines Patienten mit apallischem Syndrom wichtig, für sich anzunehmen und zu akzeptieren, dass dem Patienten das Bewusstsein fehlt. Seine Bewegungen sind daher absolut unbewusst und dürfen nicht als „Antwort“ auf gestellte Fragen oder Handlungen gewertet werden.

Ohne Bewusstsein leben diese Menschen gewissermaßen auf einer vegetativen Stufe (Vegetation – vegetativ – vegetieren) bis zu ihrem Lebensende weiter. Bei schweren Hirnschädigungen sind es meist wenige Wochen, bei leichteren Hirnschädigungen können es viele Jahre werden.

Es ist unmöglich, medizinisch die Schwere der Hirnschädigung klar zu bemessen und in Zahlenwerten auszudrücken. Dies macht den Umgang mit diesem Thema so schwer.

Hirntod

Der Hirntod bedeutet das irreversible Ende aller Hirnfunktionen aufgrund von weiträumig absterbenden Nervenzellen. Nach abgeschlossener Hirntoddiagnostik und festgestelltem Hirntod wird die Todesbescheinigung ausgestellt. Als Todeszeit wird die Uhrzeit registriert, zu der die Diagnose und Dokumentation des Hirntodes abgeschlossen sind.

Der Wissenschaftliche Beirat der Bundesärztekammer definierte am 29. Juni 1991 den Hirntod als einen „Zustand des irreversiblen Erloschenseins der Gesamtfunktion des Großhirns, des Kleinhirns und des Hirnstamms bei einer durch kontrollierte Beatmung künstlich noch aufrechterhaltenen Herz-Kreislauffunktion. Mit dem Hirntod ist naturwissenschaftlich-medizinisch der Tod des Menschen festgestellt.“

Für Prof. Dr. med. Linus Geißler, Facharzt für innere Medizin, ist der Hirntod ein „unsichtbarer Tod“, eine „innere Enthauptung“.

Diese aus dem Amerikanischen kommende Bezeichnung für hirntot ist sehr zutreffend, denn äußerlich sieht man nichts von dem Tod. Innerlich ist der Mensch im wahrsten Sinne des Wortes kopflos, da vom Kopf (Gehirn) keinerlei Signale an den Körper gehen. Der Körper ist in einem Zustand, der einer Enthauptung mit geschlossenem Blutkreislauf entspricht.

Nach § 3 des Transplantationsgesetzes (TPG) ist die Hirntodfeststellung Voraussetzung zur Organentnahme. Da in diesem Gesetz vom toten Organspender die Rede ist, wird in der Rechtswissenschaft der Hirntod auch juristisch als Todeskriterium angesehen. Dies wird z. B. inzwischen auch im Erbrecht oder im Personenstandsrecht akzeptiert.

Tod

Der Tod ist das Ende aller Körperfunktionen. Der Mensch atmet nicht mehr, sein Herz schlägt nicht mehr, damit bricht der Blutkreislauf zusammen. In Folge dessen sterben alle Körperzellen ab. Die Verwesung tritt nach Tagen oder Wochen ein, je nach Umgebungstemperatur.

Die Medizin unterscheidet zwischen zwei Todesarten:

- *Zusammenbruch des Blutkreislaufs:* Wenn das Herz nicht mehr schlägt, bricht der Blutkreislauf zusammen. Die Organe – insbesondere das Gehirn – werden nicht mehr mit Sauerstoff versorgt. Die Körperzellen sterben ab. Als Todeszeitpunkt wird die Uhrzeit des letzten Herzschlages eingetragen, bei erfolgloser Reanimation das Ende der Reanimation.
- *Hirntod:* Das gesamte Gehirn ist abgestorben. Der Mensch ist zu keiner Reaktion fähig, noch nicht einmal Schluck- und Atemreflex funktionieren mehr. Daher muss er künstlich beatmet werden, damit die Organe weiterhin mit Sauerstoff versorgt werden, um z. B. bei einem Organspender später die Organe entnehmen zu können. Als Todeszeitpunkt wird das Ende der Hirntod-Diagnostik eingetragen.

Mit Eintritt des Todes hat der Mensch sein irdisches Leben vollendet. Er ist nicht mehr Mensch, sondern Leichnam. Ungeachtet dessen bewahrt er seine ihm eigene Würde auch über den Tod hinaus. Als Ausdruck dessen wird er bestattet.

Herzstillstand und Reanimation

Herzstillstand

Das Herz schlägt autonom (aus sich heraus), d. h. es braucht für den Herzschlag kein anderes Organ. Zwar reagiert das Herz auf Hormone der Nebenniere mit einer höheren Frequenz, aber ohne diese schlägt es mit seinem Ruhepuls.

Ein Herzstillstand ist zwar kein Bewusstseinszustand, führt jedoch ohne Reanimation innerhalb weniger Minuten zum Tod. Zu unterscheiden sind zwei Formen des Herzstillstands:

- *Spontaner Herzstillstand:* Der spontane Herzstillstand kann durch Kammerflimmern, einen Stillstand der elektrischen und mechanischen Herzaktion (Asystolie) oder Fehlfunktion des Herzens (Elektromechanische Entkoppelung) ausgelöst werden.
- *Künstlich herbeigeführter Herzstillstand:* Die Medizin kann im Rahmen einer Operation oder einer Herzuntersuchung das Herz gezielt zum Stillstand bringen.

Bei Herzstillstand muss innerhalb weniger Minuten – abhängig vom Gesundheitszustand des Patienten und der Umgebungstemperatur – reanimiert werden, damit sein Leben erfolgreich gerettet werden kann.

Erfolgt die Reanimation zu spät, nimmt das Gehirn Schaden. Locked-in-Syndrom oder Apallisches Syndrom können die Folge sein.

Wird noch später mit der Reanimation begonnen, kann nur noch der Zustand Hirntod oder Tod erreicht werden.

Dies hängt damit zusammen, dass alle unsere Organe Sauerstoff benötigen, insbesondere unser Gehirn. Deshalb pumpt die rechte Herzkammer sauerstoffarmes Blut zur Lunge. Dort nimmt das Blut Sauerstoff auf. Von der Lunge gelangt das sauerstoffreiche Blut in die linke Herzkammer. Von dort aus wird der ganze Körper mit dem sauerstoffreichem Blut versorgt, insbesondere die Organe. Das Blut fließt dann wieder zurück in die Lunge. Nun dient es jedoch zur Versorgung der Lunge mit Sauerstoff. Das sauerstoffarme Blut wird von der rechten Herzkammer wieder zur Lunge gepumpt. Der Kreislauf beginnt von vorne.

Reanimation

Reanimation (lat. animare = „zum Leben erwecken“) benennt die Wiedereinsetzung der Herz-Lungen-Funktion. Der Begriff „Wiederbelebung“ ist streng genommen falsch, denn der Patient ist bei einem kurzen Herzstillstand noch nicht tot. Wird durch entsprechende Maßnahmen das Herz wieder zum Schlagen animiert, so lebt der Patient weiter. Dabei ist er nicht vom Tod zum Leben erweckt worden, sondern durch Maßnahmen der Reanimation ist sein Leben gewissermaßen „überbrückt“ und dadurch gerettet worden.

Bei Herzstillstand wird immer wieder das Brustbein 30-mal kurz und kräftig – d. h. mit ganzem Körpereinsatz – gegen die Wirbelsäule gedrückt (Herzdruckmassage). Es wird versucht, eine Eindrucktiefe von etwa 6 cm zu erreichen. Die dabei angestrebte Frequenz sind 100 bis 120 Kompressionen pro Minute.

Damit der Patient auch Sauerstoff bekommt, wird er künstlich beatmet. Wenn kein medizinisches Gerät zur Verfügung steht, erfolgt Mund-zu-Mund-Beatmung. Das Verhältnis von Herzdruckmassage zu Beatmung ist 30:2, d. h. nach 30 Mal Drücken auf das Brustbein erfolgen zwei Atemzüge.

Durch die Herzdruckmassage wird das Blut weiterhin durch den Körper gepumpt. Durch die künstliche Beatmung wird der Lunge Sauerstoff zugeführt. Damit werden die Organe weiterhin mit Sauerstoff versorgt. Ein (weiteres) Absterben der Zellen, insbesondere der Gehirnzellen wird damit zu verhindern versucht. Ziel der Herzdruckmassage ist der autonome (selbstständige) Herzschlag.

Je nach Prognose und zur Verfügung stehenden Rettungskräften – Reanimation ist körperlich sehr anstrengend – wird meist zwischen 30 und 60 Minuten reanimiert, bevor die Reanimation als erfolglos abgebrochen wird. Bei Kindern und Jugendlichen wird zuweilen bis zu zwei Stunden reanimiert, bevor man die Hoffnung auf Erfolg aufgibt. Als Todeszeitpunkt wird dann das Ende der Reanimation eingetragen.

Dadurch wird deutlich, dass bei einer erfolgreichen Reanimation kein Mensch vom Tod zum Leben erweckt wurde, bei erfolgloser Reanimation der Tod erst mit Ende der Maßnahmen eintritt. Erst dann bleibt der Blutkreislauf endgültig stehen.

Als Faustregel gilt: Pro Minute, die bis zum Beginn der Herz-Lungen-Wiederbelebung verstreicht, verringert sich die Überlebenswahrscheinlichkeit des Patienten um etwa 10 %. So sind bei Herzdruckmassage mit Beatmung und einer Defibrillation (Elektroschock) innerhalb der ersten drei bis fünf Minuten Überlebensraten von 50–75 % möglich, die danach stark abfallen.

Atemstillstand (Apnoe)

Die Atmung wird vom Hirnstamm gesteuert. Daher muss ein hirntoter Organspender bis zum Ende der Organentnahme künstlich beatmet werden, während sein Herz autonom weiterschlägt.

Atemstillstand kommt seltener vor als ein Herzstillstand. Seine Ursachen sind vielfältiger als beim Herzstillstand: Schädigung des Atemzentrums im Hirnstamm, Lähmung der Atemmuskulatur, Quetschung der Lunge bei einem Unfall, Vergiftungen des Körpers sind nur einige der möglichen Ursachen.

Längerer Atemstillstand führt zu einem gefährlichen Sauerstoffmangel im Blut, in dessen Folge es rasch zu einem weiteren Ausfall von wichtigen Vitalfunktionen kommt. Besonders gefährlich ist die Sauerstoff-Unterversorgung des Gehirns. Dies kann zunächst zu Locked-in-Syndrom oder Apallischem Syndrom führen, später zum Hirntod und Tod.

Atemstillstand muss mit künstlicher Beatmung therapiert werden. Steht kein Gerät oder Beatmungsbeutel zur Verfügung – bei Erste-Hilfe-Leistung –, muss Mund-zu-Mund-Beatmung erfolgen.

Schlaf-Apnoe

Der Atemstillstand während des Schlafs (Schlaf-Apnoe) ist nicht lebensgefährlich und kann sich nicht zur Lebensgefahr entwickeln. Über Jahre führt sie lediglich zum Absterben von Gehirnzellen.

Schlaf-Apnoe wird durch Verengung der Atemwege hervorgerufen. Eine Atemmaske, die der Patient während seines Schlafs trägt, hält durch einen ständigen Überdruck die Atemwege frei. Dies verhindert die Schlaf-Apnoe. Der Patient hat wieder einen erholsamen Schlaf.

Ursache, Wirkung und Therapie der Schlaf-Apnoe unterscheiden sich wesentlich vom tödlichen Atemstillstand und dürfen daher nicht mit diesem verwechselt werden.

Fließende Übergänge

Zwar sind Hirntod, Apallisches Syndrom, Locked-in-Syndrom und andere Zustandsformen klar definiert, doch die realen Fälle sind fließend. Dies bedeutet nun nicht, dass die Diagnose Hirntod oder Wachkoma angezweifelt werden kann. Die Definitionen sind klar umrissen.

So gibt es Patienten mit apallischem Syndrom, die eine Reihe von Reflexen aufweisen. Leuchtet man ihnen z. B. mit der Taschenlampe ins Auge, zieht sich die Pupille zusammen. Berührt man mit dem Finger die Hornhaut des Auges, schließt sich das Auge reflexartig. Wird dem Patienten die künstliche Beatmung kurzfristig abgestellt, so atmet er selbstständig weiter, meist unter größter Kraftanstrengung. Daher wird die künstliche Beatmung weiter fortgesetzt.

Es gibt auch Patienten, bei denen nur noch der Atemreflex funktioniert. Würde auch dieser fehlen, so wäre ein Beweis für den Hirntod erbracht. So aber ist der Patient im apallischen Syndrom. So schwer erkrankte Patienten versterben meist noch in der Klinik, bevor weitere Maßnahmen eingeleitet werden können, wie z. B. die Verlegung in ein Pflegeheim.

Die Grenzziehung zwischen Hirntod und apallischem Syndrom ist eindeutig, ebenso zwischen apallischem Syndrom und Locked-in-Syndrom. Die Patienten weisen aber manchmal Zustände auf, die dicht an einer dieser Grenzen liegen.

1.4 Vorsorge treffen

Da kein Mensch weiß, wann das Ende seines Lebens erfolgt, sollte jeder mit Erreichen seiner Volljährigkeit nicht nur über die nachfolgend genannten Papiere nachdenken, sondern auch eine konkrete Entscheidung fällen. Diese sollte jedoch nicht lauten: „Dafür habe ich noch Zeit." Bereits der heutige Tag kann aufzeigen, dass er sich damit geirrt hat.

> Beim Besuch auf den Stationen kam ich in ein Drei-Bett-Zimmer, in dem Frau U. sehr unruhig umherlief. Als ich sie darauf ansprach, antwortete sie mir: „Ich werde morgen operiert. Ich weiß nicht, ob ich die OP überlebe. Wenn ich sterbe, muss mein Mann aus meinem Elternhaus, weil die Kinder dann das Haus verkaufen wollen." Ich fragte Frau U.: „Und warum schreiben Sie für diesen Fall kein Testament, dass Ihr Mann bis an sein Lebensende Wohnrecht in dem Haus hat?" Frau U. gab zur Antwort: „Weil ich jetzt keinen Kopf dafür habe." Ich bot ihr Hilfe bei der Abfassung dieses Testaments an. Die gelernte Krankenschwester ließ sich Satz für Satz von mir formulieren und schrieb die für sie stimmigen Sätze nieder. Dieses Testament legte sie in den Nachttisch und war damit ruhiger. Die OP verlief gut, sodass das Testament noch nicht benötigt wurde. Frau U. hat es nun aber für alle weiteren Fälle.

Dieses Beispiel zeigt, dass man sogar vom Fach sein kann, die Dringlichkeit eines Testaments erkennt und sich dennoch nicht daran macht, es abzufassen. Statt dessen verfällt man lieber in Panik.

In Gesprächen mit Patienten hörte ich immer wieder, dass sie die Notwendigkeit dieser Papiere durchaus sehen, dass sie sich aber schwertun, es dann wirklich anzugehen. Meist war es ein konkreter Anlass – z. B. ein schicksalhafter Todesfall im Bekanntenkreis –, der dann die Hürde überwinden half.

Mit der nachfolgenden Aufzählung soll diese Hürde niedriger gehängt und Mut gemacht werden, über diese innere Hürde zu springen und die Papiere endlich auszufüllen:

- Der Notfall kann jederzeit und plötzlich eintreten. Daher sollten die Papiere bereits jetzt verfügbar sein.

- Versicherungen werden nicht abgeschlossen, damit etwas passiert, sondern damit man abgesichert ist, wenn etwas passiert. So auch hier.
- Wenn man die Vorsorge auf später schiebt, wird es irgendwann zu spät dafür sein. Man kann es dann nicht mehr nachholen und hat es selbst auszubaden.
- Es bringt keinerlei Nachteile mit sich, sondern nur Vorteile, wenn man die entsprechende Vorsorge getroffen hat.
- Man kann entspannter leben, wenn die entsprechenden Vorsorgen getroffen sind. Dies verbessert die Lebensqualität.

Jede(r) Volljährige sollte die Papiere ausgefüllt haben,
die das Ende seines Lebens betreffen,
denn dieses wird unweigerlich kommen,
nur weiß niemand wann und wie.

Fakten, die die Notwendigkeit der Vorsorge erhellen

Der Todeszeitpunkt ist nicht vorhersehbar

In Deutschland sterben Männer durchschnittlich im 78. Lebensjahr, Frauen im 83. Lebensjahr. Das heißt jedoch nicht, dass sie alle in diesem Lebensjahr sterben. Es gibt auch Menschen, die werden über 90 und über 100 Jahre alt. Andererseits sterben Menschen auch früher:

- Der Autofahrer erleidet einen schweren Unfall.
- Die Alleinerziehende stürzt von der Leiter.
- Der Fußgänger wird von einem Betrunkenen auf dem Gehweg angefahren.
- Die Rentnerin stürzt die Treppe hinunter.
- Der Raucher erleidet einen Herzstillstand.

Es gibt keinen Ort und keine Zeit, wo uns nicht Krankheit, Leid oder Tod treffen können. Doch das ist meist erst der Beginn eines Weges voller ungeklärter Fragen:

- Der Autofahrer ist nun hirntot. Die Ärzte hätten gerne seine Organe für eine Organspende. – Soll der Organspende zugestimmt werden?

- Die Alleinerziehende kann sich nicht mehr um die Kinder kümmern. – Wer soll künftig für die Kinder sorgen?
- Der Fußgänger ist nicht ansprechbar. Die Ärzte brauchen aber Entscheidungen, welche Behandlung vorgenommen werden soll. – Wer trifft diese Entscheidungen?
- Die Rentnerin kann sich nicht mehr mitteilen. – Was wollte die Frau in diesem Falle? Wer soll für sie nun die Entscheidungen treffen?
- Dem Raucher starben aufgrund des langen Herzstillstands große Teile des Gehirns ab. Er zeigt nur noch einige wenige Reflexe, darunter den der Atmung. – Wie soll nun weiter verfahren werden?

Solange ein Patient lebt, gibt es für ihn mindestens zwei Möglichkeiten. Aber auch mit dem Eintritt des Todes sind die Wahlmöglichkeiten noch nicht ausgeschöpft:

- Ist ein Patient hirntot, so stellt sich noch die Frage nach der Organspende.
- Ist ein Patient tot, so stellt sich die Frage nach Gewebespende und Obduktion.

Für Angehörige und Hinterbliebene ist es in diesem Falle hilfreich, wenn sie den Willen des Patienten bzw. des Toten kennen. Wünschenswert ist, dass dieser schriftlich in entsprechenden Papieren festgehalten ist.

Wer keine Vorsorge benötigt

Es gibt Menschen, die sich hierzu keine Gedanken machen müssen. Dazu gehören

- Kinder und Jugendliche bis zur Vollendung des 18. Lebensjahres,
- Menschen, die gerichtlich unter einer Betreuung stehen.

Wer in vollem Umfang geschäftsfähig ist, sollte sich dringend zu den Fragen über das Ende seines Lebens Gedanken machen und seine Wünsche schriftlich niederlegen.

Nicht relevant ist …

Manchmal meinen Menschen, dass sie für den nicht ansprechbaren Patienten bzw. den Hirntoten entscheiden könnten,

– weil sie mit dem Patienten verheiratet sind,
– weil sie ein Kind des Patienten sind,
– weil der Patient ihr volljähriges Kind ist.

Alle diese Beziehungen sind aber irrelevant. Kein Mensch kann in irgendeiner Weise über das Leben eines anderen erwachsenen Menschen bestimmen, ohne dass dieser vom Patienten selbst oder vom Amtsgericht hierzu eine ausdrückliche Vollmacht besitzt.

Vorsorge – die Lösung des Problems

Wenn keine Vorsorge getroffen wurde

Liegt keine Patientenvorsorge vor und benötigen die Ärzte in der Klinik für ihr weiteres Vorgehen einen Ansprechpartner, so wird mit den Angehörigen gesprochen, wer denn dazu bereit ist, die gerichtliche Betreuung zu übernehmen. Diese Person wird dem Amtsgericht mitgeteilt. Das Amtsgericht stellt für diese Person eine Betreuungsverfügung aus.

Können sich die Angehörigen auf niemanden einigen, der gegenüber dem Amtsgericht als Betreuer genannt werden soll, so wird dieser Sachverhalt dem Amtsgericht so mitgeteilt. Das Amtsgericht entscheidet frei, wer in diesem Falle die Betreuung erhält. In den meisten Fällen wird eine fremde Person ernannt, die in keiner Beziehung zur Familie und dem Patienten steht.

Sind keine Angehörigen vorhanden, so wird dies auch dem Amtsgericht mitgeteilt. Dieses bestellt dann eine Person als Betreuer.

In jedem dieser Fälle stellt sich ein Problem: Wie gut kennt der gerichtlich bestellte Betreuer den Willen des Patienten? – Handelt es sich um einen Familienangehörigen, so kann man den Willen des Patienten kennen, wenn sich dieser zuvor allgemein oder konkret über das Sterben geäußert hat. War Sterben jedoch nie Thema, so wird es für die gerichtlich bestellten Betreuer unmöglich, den Willen des Patienten zu kennen. Sie sind damit in ihrer Entscheidungsfindung auf sich alleine gestellt.

Der Arzt kann in den kritischen Situationen oft nur sagen, dass der Patient mit dieser Behandlung bzw. OP ein Pflegefall bleiben wird, ohne diese in absehbarer Zeit wohl sterben wird. Was wollte der Patient in diesem Falle?

Wenn keine Informationen über den Willen des Patienten bekannt sind, lassen sich Angehörige leicht von den eigenen Wünschen leiten. Sie sind von der Situation an sich erst einmal überfahren und sollen bereits nach wenigen Tagen weitreichende Entscheidungen treffen. Dabei neigen sie meist in ihrer Verlustangst dazu, nichts unversucht zu lassen, was das Leben des Patienten verlängert, auch wenn dieser ohne jedes Bewusstsein für den Rest seines Lebens – das kann Monate, Jahre oder Jahrzehnte dauern – in einer Pflegeeinrichtung leben muss, per Magensonde ernährt und ggf. auch noch künstlich beatmet wird.

Mit hinzu kommt die Schwere der Entscheidung, dass man seinen Angehörigen sterben ließ, dass man ihn „umgebracht" hat. Vorschnell sind Angehörige und Außenstehende in diesen Situationen mit solchen Urteilen zur Hand. Auch daher entscheiden sich Angehörige tendenziell meist für das Weiterleben des Patienten, ohne genauer auf die Perspektiven zu blicken.

Wenn Vorsorge getroffen werden soll

Wenn Vorsorge getroffen werden soll, stellt sich die Frage, wer als Bevollmächtigter genannt werden soll. Dies ist eine Entscheidung von großer Tragweite. Daher sollte sie sehr wohl überlegt werden: Grundsätzlich kann jede volljährige und voll geschäftsfähige Person bestimmt werden, die zur Übernahme dieser Aufgabe bereit ist. Damit kommen Angehörige wie auch Freunde für die Aufgabe des Bevollmächtigten in Frage. Beide haben ihre Vor- und Nachteile:

- *Angehörige als Betreuer*

  Vorteil: Man lebt meist mit Angehörigen enger zusammen. Dadurch kennt man besser die gegenseitigen Wünsche.

  Nachteil: Die Entscheidung, einem ein Weiterleben ohne Bewusstsein oder nur noch an Maschinen zu ersparen, wird sehr schwer gefällt.
- *Freunde als Betreuer*

  Vorteil: Die emotionale Distanz erleichtert ein „Nein" zur Weiterführung der Therapie. Manchmal besteht bei einigen Themen, insbesondere beim Sterben, zu Freunden ein größeres Vertrauensverhältnis als zu Angehörigen.

Nachteil: Man lebt selten mit Freunden so eng zusammen wie mit Angehörigen.

Wichtig bei der Auswahl des Bevollmächtigten ist auch, dass es ein Mensch ist, der Rückgrat und Stärke besitzt. Er hat den bekundeten Willen gegenüber den Ärzten nicht nur zu äußern, sondern ggf. auch durchzusetzen. Dabei hilft auch das Amtsgericht. Er hat die getroffenen Entscheidungen ggf. auch gegenüber den Angehörigen standfest zu vertreten. Schnell können diese mit Vorwürfen zur Hand sein, man habe den Angehörigen sterben lassen.

Testament

Im Falle des Todes – der absolut sicher irgendwann eintreten wird – regelt das Testament die Besitzverhältnisse des materiellen Besitzes sowie die über den Tod hinaus reichenden Rechte, z. B. Urheberrechte. Da der Tod unabwendbar irgendwann eintreten wird, ist das Testament an erster Stelle genannt.

Wer sein Testament verfasst, sollte es vollständig eigenhändig schreiben. Wichtig ist dabei, dass es mit einem Datum beginnt und mit der Unterschrift endet.

Wenn Immobilien mit zum Besitz gehören, sollte hierfür ein Notar aufgesucht werden.

Wer kein Testament hinterlässt, riskiert zerstrittene Kinder bzw. eine zerstrittene Verwandtschaft, die nicht selten gegeneinander vor Gericht ziehen.

Patientenverfügung mit Vorsorgevollmacht bzw. Betreuungsverfügung

Wenn der Patient nicht ansprechbar ist und ärztliche Hilfe benötigt, ist es für die Ärzte wichtig, dass eine Patientenverfügung mit Vorsorgevollmacht bzw. Betreuungsverfügung vorliegt. Beide gehören zusammen.

Eine Patientenverfügung und Vorsorgevollmacht bzw. Betreuungsverfügung ist notwendig, wenn jemand ohne Bewusstsein aufgefunden wird. Ärzte versuchen in den ersten Stunden auf jeden Fall, das Leben zu retten. Ist der Patient aber nach diesen ersten Stunden noch immer nicht ansprechbar und stehen weitreichende Entscheidungen an (z. B. Luftröhrenschnitt, Magensonde), so benötigen die behandelnden Ärzte einen Bevollmächtigten, der diesen Maßnahmen mit seiner Unterschrift zustimmt. Hierzu bedarf es einer Vorsorgevollmacht bzw. einer Betreuungsverfügung.

Patientenverfügung und Vorsorgevollmacht bzw. Betreuungsverfügung sind auch notwendig,

- wenn deutlich erkennbar ist, dass das Leben nicht mehr gerettet werden kann und jede weitere Behandlung das Sterben nur noch verzögert;
- wenn klar ist, dass der Patient sich mit einer lebensbedrohlichen Situation im apallischen Syndrom befindet;
- wenn der Patient hochgradig dement ist und sich in einer lebensbedrohlichen Situation befindet;
- wenn ein Patient nicht mehr ansprechbar und der Ausgang der ärztlichen Bemühung unklar ist, d. h. wenn die Genesung nicht sicher ist.

In allen diesen Fällen sollte eine Patientenverfügung mit Vorsorgevollmacht bzw. Betreuungsverfügung vorliegen. Wenn dies nicht der Fall ist, werden die behandelnden Ärzte beim Amtsgericht eine Betreuung beantragen. Es wird dann ein Betreuer bestimmt.

Patientenverfügung

Die Patientenverfügung gibt den Wunsch des Patienten für den Fall wieder, dass er in einer lebensbedrohlichen Situation seinen Willen nicht mehr äußern kann. Kaum ein Patient ist in einer lebensbedrohlichen Situation noch in der Lage, seinen Willen kundzutun. Daher macht es Sinn, diesen vorher schriftlich niederzulegen.

Im Wesentlichen enthält eine Patientenverfügung Angaben darüber, welche Behandlungen der Patient in einer lebensbedrohlichen Situation nicht wünscht. Der Patient hat das Recht, jede Form von Behandlung abzulehnen, auch wenn damit klar ist, dass dies unweigerlich zu seinem Tod führt. Er hat dieses Recht auch dann, wenn klar ist, dass mit dieser Maßnahme sein Leben gerettet werden könnte. Das deutlichste Beispiel hierfür sind die Zeugen Jehovas, die aus religiöser Überzeugung lieber sterben, als dass sie sich Blutkonserven geben lassen.

In der Patientenverfügung darf hingegen nicht stehen, dass ein todbringendes Mittel gegeben werden soll, wenn ein bestimmter Zustand eingetreten ist. Eine solche Äußerung macht die gesamte Patientenverfügung ungültig. Lebensrettende Maßnahmen dürfen abgelehnt werden, auch wenn das sicher zum Tod führt. Zum Tod führende Maßnahmen hingegen dürfen nicht vorgenommen werden.

Eine Missachtung der Patientenverfügung erfüllt den Tatbestand der Körperverletzung.

Da in einer Patientenverfügung nicht alle Fälle genannt werden können, die im Leben vorkommen, wird ein Bevollmächtigter (Vorsorgevollmacht) bzw. Betreuer (Betreuungsverfügung) benötigt. Aus diesem Grunde ist jeder Patientenverfügung eine Vorsorgevollmacht bzw. Betreuungsverfügung beigelegt. Darin kann der künftige Patient einen Menschen seines Vertrauens benennen, der im Falle seiner Bewusstlosigkeit der Ansprechpartner für die Ärzte ist.

Vorsorgevollmacht bzw. Betreuungsverfügung

Die in der Vorsorgevollmacht bzw. Betreuungsverfügung genannte Person muss der möglichen Übernahme dieser Aufgabe zustimmen. Dies geschieht dadurch, dass er mit unterschreibt.

Der Betreuer bzw. Bevollmächtigte hat im Sinne des Patienten und dem in der Patientenverfügung niedergelegten Willen zu entscheiden. Für Familienangehörige kann dies oft sehr schwer sein, da man den Patienten gerne weiterhin am Leben halten will, auch wenn dieser ohne Bewusstsein über Jahre im apallischen Syndrom ein reiner Pflegefall ist und obwohl dieser bestimmt hat, dass in diesem Falle die Behandlung beendet werden soll.

Viele Angehörige fühlen sich dann als „Mörder", weil sie ganz im Sinne der Patientenverfügung für eine Begrenzung oder den Abbruch der Therapie entschieden haben. Sie erkennen zwar ratio-

Bücher zu Tod und Trauer

Verlag Friedrich Pustet
www.verlag-pustet.de

Klaus Schäfer

Trösten – aber wie?

Ein Leitfaden zur Begleitung von Trauernden und Kranken

Anhand zahlreicher Beispiele zeigt der Autor in einer Gegenüberstellung von »falschem Trost« und »echtem Trost« auf, warum manche Formulierungen verletzen, andere hingegen trösten und heilen. Der Leser bekommt ein Gespür für häufige Fehler und unpassende Formulierungen im Umgang mit Kranken und Trauernden und erfährt konkret, was er stattdessen sagen und tun kann.

176 S., kart., ISBN 978-3-7917-2204-7
€ 16,90 (D) / € 17,40 (A) / SFr 29,50

Maria Pagel

Kraftquellen

Texte, Gebete, Meditationen für Kranke, Sterbende und ihre Begleiter

Das Buch gibt spirituelle Impulse und praktische Hilfen für Sterbe- und Trauerbegleiter im Umgang mit Sterbenden, mit dementen Menschen und ihren Angehörigen, mit Wachkoma-Patienten und mit schwerkranken Menschen. Ein eigenes Kapitel für die Begleiter selbst soll mit Gebeten und Meditationen Stärke, Gelassenheit, Hoffnung und Vertrauen vermitteln.

112 S., kart., ISBN 978-3-7917-2255-9
€ 12,90 (D) / € 13,30 (A) / SFr 22,90

Thomas Schnelzer

Trauernde trösten

Das Buch setzt sich mit dem Thema Trauer auf 3 Ebenen auseinander: Trauer- und Trauerbewältigung aus psychologischer Sicht, die christliche Dimension der Trauer und die Praxis christlicher Trauerbegleitung. Es schildert konkrete Trauersituationen, erläutert Regeln im Umgang mit Trauerenden und ist damit eine wertvolle Hilfe für alle Begleiter.

128 S., kart., ISBN 978-3-7917-1952-8
€ 13,90 (D) / € 14,30 (A) / SFr 24,90

Bestellcoupon

Expl.	Titel	Preis

☐ Ja, bitte informieren Sie mich regelmäßig per E-Mail über Neuerscheinungen des Verlages Friedrich Pustet.

Name, Vorname

Straße

PLZ, Ort

E-Mail

Datum, Unterschrift

Für eine Gesamtübersicht über unser Programm besuchen Sie uns bitte im Internet: www.verlag-pustet.de!

Bestellen Sie über Ihre Buchhandlung, beim Verlag oder Ihrer Auslieferung:

Verlag Friedrich Pustet
D-93008 Regensburg
www.verlag-pustet.de

Fon 0941/92022-321
Fax 0941/92022-330
E-Mail rauscher@pustet.de

Auslieferung CH
Herder AG Basel
Muttenzerstraße 109
Postfach, 4133 Pratteln 1
Fon 061/8279060, Fax 061/8279067
verkauf@herder.ch

Auslieferung A
MOHR • MORAWA
Buchvertrieb GmbH
Sulzengasse 2, 1230 Wien
Fon 01/68014-0, Fax 01/68014-140
momo@mohrmorawa.at

Prospekt »Trauer«, Stand: März 2011
Irrtum und Änderungen vorbehalten.
Titelbild: Vyšehrader Friedhof, Prag. (c) Coralie Rippl

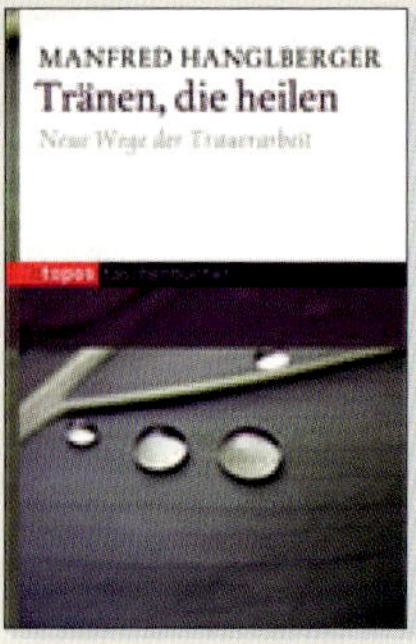

Manfred Hanglberger

Tränen, die heilen

Neue Wege der Trauerarbeit

Wenn die Zeit die Wunden nicht heilt, sind von Trauer blockierte Menschen oft rat- und hilflos. Die systemische Psychologie – Grundlage der Familientherapie – kann die Hintergründe übermächtiger Trauer aufdecken und neue, heilsame Wege der Trauer aufzeigen.

Reihe: Topos Taschenbuch
2. Aufl., 160 S., kart., ISBN 978-3-8367-0484-7
€ 7,90 (D) / € 8,20 (A) / SFr 12,50

Bernhard Sill

Die Kunst des Sterbens

Sterben und Sterbebegleitung, Tod und Jenseits, Trauer und Trauerbewältigung bewegen heute viele Menschen. Die eigene Angst vor dem Tod zu bearbeiten, ihn als einen unumgänglichen Bestandteil des Lebens anzuerkennen, dazu verhilft dieses Buch.

Reihe: Topos Taschenbuch
104 S., kart., ISBN 978-3-8367-0691-9
€ 7,90 (D) / € 8,20 (A) / SFr 12,50

Karl-Ernst Apfelbacher

Selig die Trauernden

Kulturgeschichtliche Aspekte des Christentums

Trauer und Trauerbegleitung erfahren heute viel Aufmerksamkeit, und doch prägen Abwehr und Hilflosigkeit im Umgang mit der Thematik unsere Gesellschaft. Der Autor zeigt die kultur- und religionsgeschichtlichen Wurzeln dafür.

464 S., Hardcover, ISBN 978-3-7917-1797-5
€ 39,90 (D) / € 41,10 (A) / SFr 64,90

Bernhard Sill/Renée Rauchalles

Die Kunst des Sterbens

Dass wir die Kunst des Sterbens als essentiellen Bestandteil der Kunst des Lebens entdecken – das möchte dieses Buch.

»Dieses tief unter die Haut gehende Buch sei einem breiten Leserkreis nachdrücklich empfohlen.«
(Theologische Revue)

136 S., 5 Farbabb., Hardcover, ISBN 978-3-7917-1738-8
€ 14,90 (D) / € 15,40 (A) / SFr 26,50

nal, dass sie damit dem Willen des Patienten entsprochen haben, aber ihr Gefühl sagt, dass sie einen Menschen sterben ließen. Daher sollte gut überlegt werden, wem die Bevollmächtigung bzw. Betreuung anvertraut wird. Manchmal ist es sinnvoll, dass eine vertraute Person außerhalb der Familie diese Aufgabe übernimmt.

Es können auch mehrere Personen als Bevollmächtigte bzw. Betreuer eingesetzt werden, jedoch immer nur mit einer klaren Rangordnung (d. h. 1. Ansprechperson und Ersatz). Die Formulierung „Meine Kinder sollen entscheiden" führt nicht selten zu unnötigem Streit. Wenn keine Einigung erzielt werden kann, wendet sich der Arzt an das Amtsgericht und bittet um einen Betreuer als Ansprechperson. Wenn sich die Kinder noch immer nicht einig werden können, benennt das Amtsgericht eine fremde Person.

Vorsorgevollmacht bzw. Betreuungsverfügung sollten immer in der Form von zwei Originalen vorliegen, eines für den behandelnden Arzt, eines für den Bevollmächtigten bzw. Betreuer.

Kann sich der eingesetzte Bevollmächtigte bzw. Betreuer nicht mit dem behandelnden Arzt einigen, so kann er sich zur Klärung an das Betreuungsgericht wenden. Gleiches gilt auch für den Arzt.

Die meisten Vordrucke von Vorsorgevollmacht bzw. Betreuungsverfügung haben ein Kärtchen in der Größe einer Scheckkarte. Auf dieser wird der eigene Name und der Name des Bevollmächtigten bzw. des Betreuers angegeben. Dieses ausgefüllte Kärtchen sollte immer bei den Ausweispapieren mit sich geführt werden, damit im Ernstfall klar ist, dass entsprechende Papiere der Vorsorge vorliegen.

Es wird zwischen Vorsorgevollmacht mit Bevollmächtigtem und Betreuungsverfügung mit Betreuer unterschieden:

- In der Vorsorgevollmacht wird ein Bevollmächtigter ernannt. Dieser ist sofort handlungsfähig, sowie der Patient ohne Bewusstsein (in einer lebensbedrohlichen Situation) ist. Der Bevollmächtigte kann seine Vollmacht vom Betreuungsgericht bestätigen lassen und ist damit Betreuer und wird als dieser vom Betreuungsgericht kontrolliert.
- In der Betreuungsverfügung wird ein Betreuer genannt. Dieser muss vom Betreuungsgericht eingesetzt werden, damit er hand-

lungsfähig ist. Als gerichtlich eingesetzter Betreuer wird er vom Betreuungsgericht kontrolliert.

Den Ärzten ist es gleichgültig, ob sie einen Bevollmächtigten oder einen Betreuer als Ansprechpartner haben. Reicht ihnen eine Bevollmächtigung nicht aus, so wenden sich die Ärzte an das Betreuungsgericht und beantragen eine Betreuung, wobei meist der Bevollmächtigte als Betreuer eingesetzt wird.

Christliche Patientenvorsorge

Seit 1999 bieten die beiden großen Kirchen eine „Christliche Patientenverfügung" an. Ihr folgte im Jahre 2003 eine überarbeitete 2. Auflage. Bedingt durch das am 1.9.2009 in Kraft getretene „Dritte Gesetz zur Änderung des Betreuungsrechts" liegt seit Februar 2011 eine daran angepasste 3. Auflage vor. Ihr Titel lautet nun: „Christliche Patientenverfügung – durch Vorsorgevollmacht, Betreuungsverfügung, Behandlungswünsche und Patientenverfügung". Diese 3. Auflage wurde herausgebracht von der Deutschen Bischofskonferenz, dem Rat der Evangelischen Kirche in Deutschland und weiteren Mitglieds- und Gastkirchen der Arbeitsgemeinschaft Christlicher Kirchen in Deutschland. Damit stehen die großen Kirchen Deutschlands hinter diesen Papieren.

Formulare für eine „Christliche Patientenvorsorge" liegen in einigen Kliniken – insbesondere Kliniken in kirchlicher Trägerschaft – und Kirchen mit engagierten Pfarrern oder Pfarrgemeindemitgliedern auf. Ansonsten sind sie bei den Herausgebern (s. o.) erhältlich.

Die „Christliche Patientenvorsorge" ist ausgerichtet auf das Lebensende bzw. dauerhafte schwerste Erkrankungen. Sie greift somit nicht, wenn man zwar ohne Bewusstsein ärztliche Hilfe benötigt, aber noch kein Lebensende oder dauerhafte schwerste Erkrankungen zu erwarten sind. Es macht daher Sinn, mit einer separaten Vorsorge diese Lücke zu schließen. Diese sollte wie bei der Vorsorgevollmacht bzw. Betreuungsverfügung die folgenden Kriterien erfüllen:

- Name und Anschrift des künftigen Patienten mit Unterschrift;
- Name und Anschrift des Bevollmächtigten bzw. Betreuers mit Unterschrift;

- Angabe, wofür diese Vorsorgevollmacht gedacht ist;
- Datum der Ausstellung;
- Die Vorsorge soll mit zwei Originalen vorliegen.

Diese Vorsorgevollmacht kann formlos erstellt und der Christlichen Patientenverfügung beigelegt werden.

Generalvollmacht gilt nicht mehr

Bis Ende des 20. Jahrhunderts war es möglich, eine sogenannte Generalvollmacht für den Fall auszustellen, dass man selbst nicht mehr handlungs- und/oder entscheidungsfähig ist. Diese allgemeine Generalvollmacht wird heute nicht mehr anerkannt.

Um die heutigen gesetzlichen Auflagen zu erfüllen, muss in jeder Vollmacht ausdrücklich beschrieben werden, für welchen Bereich diese Vollmacht gilt. So gilt eine Patientenverfügung mit Vorsorgevollmacht bzw. Betreuungsverfügung nur für den behandelnden Arzt, wenn der Patient nicht mehr ansprechbar ist und wichtige medizinische Entscheidungen getroffen werden müssen.

Um die gesetzlichen Auflagen zu erfüllen, muss eine Vollmacht ausdrücklich benennen, für welche Bereiche sie gilt. Hierbei kann wichtig werden:

- laufende Geldgeschäfte (Bankvollmacht für das Bezahlen der laufenden Rechnungen);
- Entgegennahme von Post (Einschreiben, Pakete);
- Bestimmung des Aufenthalts (Pflegeheim, zu Hause).

Da die bis Ende des 20. Jahrhunderts gültige Generalvollmacht nicht mehr anerkannt wird, ist es wichtig, dass entsprechende Vorsorgevollmachten und Verfügungen erstellt werden.

Organspende

Zu den letzten Dingen eines Lebens gehört auch die Frage, ob man im Falle seines Todes die Organe und/oder Gewebe seines Körpers anderen Menschen zur Verfügung stellen will. Damit wird deren Lebensqualität oft nicht nur verbessert, es wird deren Leben gerettet.

Da Organe fehlen, müssen Patienten oft Monate und Jahre auf ein Spenderorgan warten. So standen im Jahre 2009 in Deutschland rund 8.000 Patienten auf der Warteliste für eine Spenderniere, es konnten jedoch nur 2.171 Nieren übertragen werden, weil nicht mehr zur Verfügung standen. Viele Menschen sterben, weil sie nicht rechtzeitig ein Organ eines Spenders bekommen.

Deutschland, Österreich und die Schweiz besitzen je ein eigenes Transplantationsgesetz (TPG), das den gesetzlichen Rahmen zur Organspende absteckt. Zu dem sehr komplexen Thema hier einige wichtige Informationen in Kürze.

Organspende und Gewebespende

Es ist zwischen Organspende und Gewebespende zu unterscheiden:

- *Organspende:* Derzeit lassen sich von den Organen transplantieren: Herz, Lunge, Leber, Niere, Bauchspeicheldrüse und Darm sowie Herzklappen und Teile der Leber.
- *Gewebespende:* Von den Geweben können derzeit transplantiert werden: Teile der Haut, der Blutgefäße, der Hirnhaut, des Knorpelgewebes (z. B. des Ohrs) und die Augenhornhaut.

Todspende und Lebendspende

Es ist zwischen Todspende und Lebendspende zu unterscheiden:

- *Todspende:* Bei der Todspende muss der Spender in Deutschland hirntot sein, damit ihm die Organe entnommen werden dürfen. Es dürfen alle vom Spender freigegebenen Organe für die Transplantation entnommen werden, soweit sie sich hierfür medizinisch eignen. Bei der Todspende weiß auf der Seite des Spenders niemand, wer die gespendeten Organe empfängt. Auf Empfängerseite weiß niemand, von wem das Organ stammt.
- *Lebendspende:* Bei Lebendspenden dürfen nur eine Niere oder ein Teil der Leber entnommen werden. Der Spender kennt den Empfänger des Organs. „Die Entnahme einer Niere, des Teils einer Leber oder anderer nicht regenerierungsfähiger Organe ist darüber hinaus nur zulässig zum Zwecke der Übertragung auf Verwandte ersten oder zweiten Grades, Ehegatten, eingetragene Lebenspartner, Verlobte oder andere Personen, die dem Spender in besonderer persönlicher Verbundenheit offenkundig nahestehen.“ (TPG § 8)

Ablauf einer Todspende

Erfolgt eine Todspende, so durchläuft diese in Deutschland und einigen anderen europäischen Ländern einen doppelten Filter, damit keine Machenschaften möglich sind.

	Organentnahme	**Organzuteilung**	**Organeinpflanzung**
Wer?	Chirurgenteam der DSO* entnimmt das Organ.	Eurotransplant sucht anhand der medizinischen Daten die passenden Empfänger.	Chirurgenteam in einem Transplantationszentrum setzt das Organ ein.
Wo?	Klinik, in der der Spender auf der Intensivstation liegt	Eurotransplant, Leiden in den Niederlanden	Transplantationszentrum, in dem der Empfänger gemeldet ist.
z. B.	1 Herz 2 Lungenflügel 2 Nieren 1 Leber entnommen aus **einem** Spender in der Klinik in Mannheim	Zuteilung aller Organe durch Eurotransplant	Herz in Ulm Lungenflügel 1 in Hamburg Lungenflügel 2 in Berlin Niere 1 in Freiburg Niere 2 in Ulm Leber in Innsbruck

DSO ist die „Deutsche Stiftung Organtransplantation". Sie wurde 1984 mit dem Ziel gegründet, allen Patientinnen und Patienten auf der Warteliste so schnell wie möglich eine Transplantation zu ermöglichen. Als Koordinierungsstelle für die Organspende nach dem Tod vertritt sie die Interessen sowohl der Menschen, die auf eine Transplantation hoffen, als auch der Menschen, die ihre Organe nach dem Tod spenden wollen. Hierzu stimmt sie die Zusammenarbeit zwischen den bundesweit etwa 1.400 Krankenhäusern und den rund 50 Transplantationszentren ab.

Eurotransplant ist die Vermittlungsstelle für Organspenden in den Benelux-Ländern, Deutschland, Österreich, Slowenien und Kroatien. Zwischen 1967 und 2007 konnte Eurotransplant 122.000 Menschen durch die Vermittlung eines Spenderorgans helfen. In diesen 40 Jahren wurden im Eurotransplant-Gebiet mehr als 14.000 Herzen, 4000 Lungen, 79.000 Nieren, 21.000 Lebern und 4200 Bauchspeicheldrüsen transplantiert.

Hieraus wird deutlich, dass vom Tod eines Organspenders mehrere Patienten ihren Nutzen haben. Bei ihnen geht es nicht nur um die entscheidende Verbesserung ihrer Lebensqualität, sondern meist um das Weiterleben überhaupt.

Gründe für die Organspende

Wie in der obigen Tabelle ersichtlich ist, rettet der Tod eines Menschen nicht nur einem anderen Menschen das Leben, sondern hilft bis zu sechs Menschen. Alleine dies ist ein Grund, seine Organe im Falle des Todes zur Verfügung zu stellen.

Weitere Gründe für eine Organspende sind:

- Als Hirntoter braucht man seine Organe nicht mehr, aber anderen Menschen retten sie das Leben oder verbessern zumindest deren Lebensqualität.
- Mit einer Organspende kann man noch eine weit über seinen eigenen Tod hinaus wirkende gute Tat vollbringen.
- Eine Organspende kann den Hinterbliebenen ein Trost sein, indem sie wissen, dass durch den Tod dieses einen Menschen anderen Menschen das Leben gerettet oder erleichtert wurde. Dies gilt in besonderer Weise, wenn junge Erwachsene sterben.
- Steht die Frage der Organspende bei einem Kind an, so haben die Eltern darüber zu entscheiden. Vielen Eltern war es dann ein Trost zu wissen, dass zwar ihr Kind tot ist, dass aber Organe ihres Kindes in anderen Kindern weiterleben.

Sonstige Infos in Kürze

Da Organspende in Deutschland ein ähnliches Tabuthema ist wie das Sterben selbst, gibt es viele Un- und Halbwahrheiten zu diesem Thema.

Damit es in Deutschland rechtens zugeht, gibt es seit 1997 das Transplantationsgesetz (TPG). Es legt z. B. fest:

- Transplantationen dürfen nur von zugelassenen Zentren vorgenommen werden.

- Die Bereiche Organentnahme, Organvermittlung und Organtransplantation sind organisatorisch und personell voneinander getrennt.
- Organe dürfen nur entnommen werden, wenn der Tod des Spenders (Hirntod) festgestellt wurde (Ausnahme bei Niere und Teilleber). Diesen haben zwei erfahrene Ärzte unabhängig voneinander festzustellen und schriftlich zu dokumentieren.
- Die Operationswunden müssen auch beim Organspender wie bei einer normalen OP verschlossen werden.
- Organhandel sowie das Übertragen und Sich-übertragen-Lassen gehandelter Organe stehen unter Strafe. (Bisher ist noch kein Fall von Organhandel in Deutschland bekannt geworden.)
- Ab dem vollendeten 16. Lebensjahr dürfen auch Jugendliche ohne Zustimmung der Eltern sich als Organspender zur Verfügung stellen, d. h. einen Organspendeausweis besitzen.
- Es gibt nach oben keine Altersgrenze für Organspende. Die Qualität eines Organs wird an den Blutwerten gemessen.
- Ist durch eine vorausgegangene Therapie (z. B. Chemotherapie) die Nutzung von Organen nicht mehr möglich, so besteht noch immer die Möglichkeit einer Gewebespende (z. B. Hornhaut des Auges).
- Ist auch keine Gewebespende möglich, so ist der Organspendeausweis ein Hinweis darauf, dass man auch mit seinem Tod bereit ist, anderen Menschen zu helfen. Dies kann man noch immer im Rahmen einer Obduktion (siehe unten).
- Es ist jederzeit möglich, die Bereitschaft zum Organspenden zu widerrufen. Dafür zerreißt man einfach den Organspendeausweis.
- Angehörige haben das Recht, den Leichnam nach der Organentnahme zu sehen.

Es gibt somit m. E. wirklich keinen Grund, sich nicht als Organspender zur Verfügung zu stellen. Für weiterführende Fragen zur Organspende kann man sich an das „Infotelefon Organspende“ wenden: 0800 – 90 40 400 .

Mit seinem Ja zur Organspende besitzt jeder Mensch die Möglichkeit, noch über den eigenen Tod hinaus Gutes zu tun.

Auch wenn die eigenen Organe nicht für eine Organspende verwendet werden können, so macht es dennoch Sinn, sich einen Organspendeausweis zu besorgen:

- *Möglichkeit der Gewebespende:* Wenn keine Organe gespendet werden können, so besteht meist noch die Möglichkeit einer Gewebespende. So kann z. B. die Hornhaut des Auges von fast allen Menschen für eine Gewebespende auch wenige Stunden nach dem Tod entnommen werden. Ein vorliegender Organspendeausweis erleichtert den Hinterbliebenen die Entscheidung, was im Sinne des Verstorbenen ist. Sie können dann mit Entschiedenheit einer Gewebeentnahme zustimmen.
- *Orientierungshilfe bei Fragen der Obduktion:* Auch wenn keine Gewebespende möglich ist, so ist ein vorliegender Organspendeausweis für die Hinterbliebenen ein wichtiges Entscheidungskriterium, wenn die Frage einer Obduktion ansteht. Mit jeder Obduktion wird ein Beitrag zur medizinischen Qualitätssicherung geleistet. Näheres dazu unten, S. 69.

Einige Zitate zur Organspende

Benedikt XVI. (* 1927): „Organspende ist ein Akt der Nächstenliebe."

Franz Beckenbauer (*1945): „Als Organspender bin ich selbst am Ende meines Lebens noch reich. Ich kann einem anderen das Leben schenken."

Johannes B. Kerner (* 1964): „Vielleicht kann mein eigenes Leben oder das meiner Liebsten einmal durch eine Organspende gerettet werden. Diese Rettung würde ich annehmen. Aber dann muss ich auch bereit sein, selbst zu geben, wenn meine Stunde gekommen ist."

Bundeszentrale für gesundheitliche Aufklärung: „Organspender zu sein ist keine Frage des Alters."

Nicht ausdrücklich zur Organspende, aber zur Grundhaltung sagte *Konfuzius* (551–479): „Der Retter eines Menschen ist größer als der Bezwinger einer Stadt."

Obduktion

Da wir in Deutschland die Zustimmungsregelung für die Obduktion haben, werden Hinterbliebene oft nach ihrem Wunsch bezüglich einer Obduktion (Sektion, Autopsie, Leichenöffnung) gefragt. D. h. die Hinterbliebenen müssen zustimmen, damit eine Obduktion erfolgen darf. Ausnahme: wenn nach unklarem Tod die Staatsanwaltschaft eine gerichtsmedizinische Obduktion durchführen lässt.

In anderen Ländern gibt es die sogenannte Widerspruchsregelung, d. h. die Hinterbliebenen müssen einer Obduktion klar widersprechen, andernfalls darf der Tote ungefragt obduziert werden.

Nicht selten wird die Frage nach einer Obduktion unmittelbar nach Übermittlung der Todesnachricht gestellt. Das wird von den Angehörigen oft als „eine unmögliche Frage zu einem unmöglichen Zeitpunkt" empfunden und daher sehr häufig abgelehnt. Gründe dafür können sein:

- der überwältigende Schmerz über den Tod eines geliebten Menschen, der keinen anderen Gedanken zulässt;
- das Wissen, dass der Tod dadurch nicht rückgängig zu machen ist;
- die Befürchtung, der Leichnam könnte verstümmelt werden;
- religiöse bzw. kulturelle Vorbehalte.

Fragt man die Bevölkerung außerhalb eines aktuellen Todesfalles nach der Bereitschaft, einer Obduktion zuzustimmen, erklärt sich etwa die Hälfte der Bevölkerung dazu bereit (Quelle: Ärzteblatt 2011). Das ist deutlich mehr als im Klinikalltag erfahren wird. Eher selten stimmen Hinterbliebene einer Obduktion zu, selbst wenn der Patient plötzlich verstorben ist und man sich seinen Tod nicht so recht erklären kann.

Gründe für eine Obduktion

Eine Obduktion kann offene Fragen klären:

Wenn der Patient unerwartet verstarb, wollen die Ärzte und viele Hinterbliebene wissen, was die Todesursache war. Die Obduktion soll folgende Fragen klären: Was führte zu diesem unerwarteten Tod? Wurde etwas in der Diagnose übersehen? Wurde die Behandlung korrekt durchgeführt?

Die Antworten auf diese Fragen können zwar den Toten nicht wieder lebendig machen, für Ärzte und Hinterbliebene kann die Antwort den Tod aber verständlich machen. Für die Hinterbliebenen bedeutet dies, dass sie den Tod besser akzeptieren können.

Auch wenn der Tod des Patienten von Ärzten und Hinterbliebenen erwartet wurde, kann eine Obduktion dennoch sinnvoll sein. Sie gibt Antwort auf folgende Fragen: Wurde etwas in der Diagnose übersehen? Wurde die Behandlung optimal angesetzt? Hätte man bei diesem Krankheitsbild etwas besser machen können?

Für Hinterbliebene wie auch für Ärzte erbringt die Obduktion immer die Beantwortung offener Fragen, die im Zusammenhang mit dem Tod eines Menschen stehen. Für die Medizin stellt jede Obduktion aber auch eine Leistung der Qualitätssicherung dar, die sie zudem meist kostenlos anbietet.

Bei korrekter Diagnose und optimaler Behandlung bekommen die Ärzte die Rückmeldung, dass sie es nicht hätten besser machen können. Dies bestätigt die Ärzte darin, ihre Arbeit weiterhin so fortzusetzen.

Wurde bei der Diagnostik etwas übersehen oder falsch gedeutet, so kann die Obduktion dies ans Licht bringen. Die Diagnostiker erhalten durch die Rückmeldung von der Pathologie einen Wissenszuwachs, der künftig bei ähnlichen Fällen zu einer besseren Abklärung führen kann.

Bei einer Obduktion werden an einem Leichnam klar vorgegebene Schnitte vorgenommen. Nach Entnahme der Organe werden diese untersucht und – bis auf kleine Gewebeproben – wieder in den Leichnam zurückgelegt. Der Schnitt wird wie bei einer OP ordentlich verschlossen. Der Leichnam ist somit nicht verunstaltet und kann nach der Obduktion von den Hinterbliebenen angesehen werden.

Obduktionen helfen zwar keinem Toten, sehr wohl aber den Lebenden. Sie könnten in ähnliche Situationen kommen und von den aus der Obduktion gewonnenen Erkenntnissen profitieren. Damit ist die Obduktion in jedem Falle sinnvoll und dient immer dem Leben.

Beschlagnahmung des Leichnams

Ist die Todesursache unklar, muss der hinzugezogene Arzt die Polizei informieren. Der Leichnam wird dann zunächst beschlagnahmt. Die Staatsanwaltschaft prüft, ob sie tätig wird. Erhärtet sich der Verdacht, dass jemand eines unnatürlichen Todes starb, so bleibt der Leichnam beschlagnahmt und wird in einem gerichtsmedizinischen Institut auf die Todesursache hin untersucht. Wenn die Staatsanwaltschaft sich anders entscheidet, ist damit der Leichnam zur Bestattung freigegeben.

Beschlagnahmung bedeutet, dass an diesem Leichnam keinerlei Veränderungen vorgenommen werden dürfen. Somit haben alle Infusionsnadeln im Leichnam unverändert zu verbleiben, auch der Blasenkatheter, der Beatmungsschlauch, die Magensonde und was sonst alles zum Zeitpunkt des Todes an und in dem Körper des Verstorbenen war. Dies ist nicht immer ein ästhetischer Anblick und kann das Abschiednehmen der Hinterbliebenen vor der gerichtsmedizinischen Obduktion sehr erschweren.

> Ein Bauarbeiter stürzte vom Gerüst und zog sich beim Aufprall lebensgefährliche Verletzungen zu. Die schweren Verletzungen führten innerhalb von Stunden zum Tod. Damit war die Todesursache für die behandelnden Ärzte klar. Unklar war jedoch, warum der Bauarbeiter vom Gerüst stürzte. Hatte er einen Stoff im Körper, der ihm Schwindel erzeugte? Wenn ja, wer gab ihm diesen Stoff? Um dies sicher klären zu können, musste am Leichnam alles so verbleiben, wie es zum Zeitpunkt des Todes war.

Wurde ein Leichnam beschlagnahmt und gerichtsmedizinisch untersucht, so können sich die Hinterbliebenen an das zuständige Amtsgericht wenden. Liegt ein laufendes Verfahren vor, so werden die Hinterbliebenen bis zum Abschluss des Verfahrens keine Auskunft bekommen. Wurde kein Verfahren eingeleitet, wird das Amtsgericht die Angehörigen an das gerichtsmedizinische Institut verweisen und diesem die Auskunft erlauben.

Vorsorge für Alleinerziehende

Zwei Vorbemerkungen:

- Wenn nachfolgend nur die weibliche Form beschrieben ist, so gilt gleiches, wenn der Alleinerziehende ein Mann ist.
- Wenn nachfolgend immer nur ein Kind genannt ist, so gilt gleiches auch für mehrere Kinder.

Im Artikel 6 des Grundgesetzes wird der Mutter wie auch dem Vater in gleicher Weise das Recht auf Sorge um ihre Kinder zugesichert.

(1) Ehe und Familie stehen unter dem besonderen Schutze der staatlichen Ordnung.

(2) Pflege und Erziehung der Kinder sind das natürliche Recht der Eltern und die zuvörderst ihnen obliegende Pflicht. Über ihre Betätigung wacht die staatliche Gemeinschaft.

(3) Gegen den Willen der Erziehungsberechtigten dürfen Kinder nur auf Grund eines Gesetzes von der Familie getrennt werden, wenn die Erziehungsberechtigten versagen oder wenn die Kinder aus anderen Gründen zu verwahrlosen drohen.

(4) Jede Mutter hat Anspruch auf den Schutz und die Fürsorge der Gemeinschaft.

Daher haben selbst geschiedene Paare grundsätzlich das gemeinsame Sorgerecht für ihre gemeinsamen Kinder (BGB 1687ff). Dieses Recht kann ihnen nur gerichtlich abgesprochen werden.

Muss nun ein Partner stationär in die Klinik, so hat der andere Partner das Sorgerecht für die Kinder.

Ist jemand alleinerziehend sorgeberechtigt und liegt im Falle des Todes – oder auch nur bei längerer Bewusstlosigkeit – keine schriftliche Vorsorge vor, die den Verbleib eines Kindes betrifft, so wird das Jugendamt für eine geeignete Unterbringung sorgen. Es wird darauf geachtet, eine dem Kind möglichst nahe Lösung zu finden:

1. Verwandte bis zum 3 Grad. (d. h. Großeltern, Urgroßeltern, volljährige Geschwister, Onkel und Tanten = Verwandtenpflege). Diese brauchen keine Pflegeerlaubnis;

2. weitere Verwandte, Freunde, Nachbarn;*
3. fremde Familien.*

* = Diese brauchen eine Pflegeerlaubnis, die das Jugendamt ausstellt, wenn das Kind/ die Kinder länger als 8 Wochen dort sind.

Taufpaten spielen bei der gesetzlichen Auswahl des Jugendamtes keine Rolle.

Damit eine Alleinerziehende ihr Kind auch über ihren möglichen plötzlichen Tod hinaus versorgt weiß, sollte sie eine „letztwillige Verfügung" verfassen und für ihr Kind einen Vormund bzw. einen Mündel bestimmen (BGB 1777). Wie ein Testament muss es vollständig handschriftlich verfasst und mit Datum versehen sein. Diese „letztwillige Verfügung" ist beim Familiengericht zu hinterlegen.

Macht die Alleinerziehende das nicht, wird dem anderen Elternteil das Sorgerecht übertragen (BGB 1681), sofern das Wohl des Kindes dem nicht entgegensteht. Wenn dieser nicht verfügbar ist, wird vom Jugendamt für das Kind eine Pflegefamilie gesucht.

Daher sollte es allen Alleinerziehenden mit Blick auf das Wohl ihrer Kinder sehr am Herzen liegen, für den Fall einer plötzlichen schweren Erkrankung mit Bewusstlosigkeit bzw. sogar eines plötzlichen Todes entsprechend Vorsorge zu treffen und dies schriftlich festzuhalten.

Problemfeld: Wenn mehrfach verheiratete Menschen sterben

Wenn Menschen sterben, die nach einer Scheidung wieder heirateten, ergeben sich nach dem Tod eines Partners immer wieder Probleme:

Die aktuelle Ehefrau verbietet es unter Androhung von Rechtsschritten, dass die Klinik der mitunter schon in der Klinik befindlichen ersten Ehefrau den Zutritt zum Verstorbenen gewährt. Nach geltendem Gesetz hat sie dieses Recht.

In der Fachliteratur wird jedoch immer wieder darauf hingewiesen, wie wichtig es ist, von einem Verstorbenen Abschied zu nehmen, d. h. den Toten noch einmal zu sehen. Dies wird auch für

Kinder und völlig entstellte Leichen (z. B. zerstückelter Leichnam nach schwerem Unglück, verkohlte Leiche, nach Suizid) dringend empfohlen. Für den Trauerprozess ist dies sehr wichtig. Es kann langwierige Therapien unnötig machen.

Beim Eheversprechen heißt es: „Bis dass der Tod uns scheidet." Viele Ehepartner empfinden selbst über eine Scheidung hinaus eine weiter bestehende innere Verbundenheit mit dem geschiedenen Partner, auch wenn sie selbst wieder heiraten.

Unsere geltende Rechtslage berücksichtigt diese beiden Punkte nicht. Es wird dem aktuellen Ehepartner volles und alleiniges Recht zugesprochen. Dieses volle und alleinige Recht kann jedoch auch eine Verletzung guter Sitten beinhalten, wie diese Situation zeigt.

Lösungsansätze wie der, dass jeder mehrfach Verheiratete in einer Verfügung festlegen soll, ob der erste Ehepartner Abschied von seinem Leichnam nehmen kann, funktionieren aus drei Gründen nicht:

1. Was mit Sterben und Tod zu tun hat, wird oft auf den St.-Nimmerleinstag verschoben, d. h. nie erledigt.
2. Menschen sterben nicht nur im hohen Alter, sondern auch plötzlich und unerwartet in der Lebensmitte. Auch wenn eine Erkrankung vorausgeht, denkt man an Heilung, aber nicht an Sterben. Das ist menschlich („Die Hoffnung stirbt zuletzt.").
3. Wer dennoch eine solche Verfügung verfasst, verletzt möglicherweise den eifersüchtigen Partner. Diesem Streit will er sich nicht aussetzen und unterlässt daher das Verfassen einer entsprechenden Verfügung.

Die große Welle der geschiedenen wiederverheirateten Menschen, die sterben werden, steht für die nächsten Jahre und Jahrzehnte an. D. h. das Problem kommt noch massiver auf uns zu, als es sich jetzt schon abzeichnet. Es ist somit dringender Handlungsbedarf gegeben, um Leid zu lindern und nicht noch Leid aufzubürden.

Aus diesen Gründen ist es unabdingbar, dass eine entsprechende gesetzliche Regelung getroffen wird, die klar bestimmt, dass alle Hinterbliebenen aus einem der folgenden Verwandtschaftsverhältnisse der Zugang zum Verstorbenen in jedem Fall zu erlauben ist:

- Partner (auch aus früheren Ehen und Partnerschaften);
- Eltern;
- Kinder und Stiefkinder;
- Großeltern;
- Enkelkinder.

Eine entsprechende gesetzliche Regelung sollte bald erfolgen, noch bevor die Welle der zahlreichen Todesfälle mehrfach verheirateter Menschen uns erreicht.

Eine evtl. vorliegende Verfügung, die anderes bestimmt, ist mit der Begründung „wider die guten Sitten" als rechtsunwirksam abzulehnen.

Bestattung

Für Deutschland besteht Friedhofszwang, d. h. dass die physischen Überreste des Verstorbenen (Leiche im Sarg oder Asche in einer Urne) auf einem Friedhof bestattet werden müssen. In Deutschland darf niemand z. B. die Urne mit der Asche seines Verstorbenen im Wohnzimmer aufstellen oder im eigenen Garten bestatten.

Es gibt zwei Bestattungsformen:

- *Erdbestattung im Sarg:* Der Sarg mit dem Leichnam des Verstorbenen wird auf einem Friedhof bestattet.
- *Feuerbestattung in Urne:* Der Sarg mit dem Leichnam des Verstorbenen wird in einem Krematorium (Verbrennungsanlage für Tote) verbrannt. Der Sarg mit dem Leichnam kommt in einen auf etwa 900 °C vorgeheizten Ofen. Dabei entzündet sich der Sarg selbst und verbrennt zusammen mit dem Leichnam. Die zurückbleibende Asche wird in eine Urne abgefüllt und später bestattet.

Die Beisetzung der Urne kann in einem Urnengrab oder in einer Urnenwand (Kolumbarium) erfolgen. Auch ist in Deutschland die Beisetzung auf einem ausgewiesenen Friedwald möglich, im Wurzelbereich eines Baumes.

Da nach der Verbrennung keine Untersuchung des Leichnams (z. B. Todesursache oder Identität) möglich ist, erfolgt vor der Verbrennung eine Leichenschau durch einen Amtsarzt oder Rechtsmediziner im Kühlraum des Krematoriums.

Damit ist schon deutlich, dass es nicht nur Überlegungen zur Form der Bestattung gibt, sondern auch zum Ort. Es gibt Menschen, die haben ihre eigene Bestattung bis in die letzten Details ausgearbeitet. So legen sie auch die Lieder fest, die bei der Trauerfeier gesungen bzw. gespielt werden sollten. Aus der Literatur ist auch ein Beispiel überliefert, da hatte der Verstorbene zu seinen Lebzeiten bestimmt, dass beim anschließenden Leichenschmaus eine Blaskapelle zum Tanz aufspielen sollte. Da der Verstorbene selbst ein sehr lebenslustiger Mensch war, der gerne getanzt hatte, wollte er damit seiner Nachwelt auch so in Erinnerung bleiben.

Jeder hat die Möglichkeit, im Rahmen der gesetzlichen Vorschriften wichtige Dinge zu seiner Bestattung vorher festzulegen. So bitten einige Menschen, statt Blumen und Kränze für ihre Bestattung eine Spende für einen wohltätigen Zweck zu geben.

1.5 Plädoyer für „aktive Sterbehilfe"

Sterbehilfe ist die Hilfe *beim* Sterben, nicht die Hilfe *zum* Sterben. Aus diesem Grund ist es völlig deplatziert, wenn von aktiver und passiver Sterbehilfe gesprochen wird. Sterbehilfe wird entweder geleistet oder verweigert. Dies ist grundsätzlich festzuhalten. Die Wahl der Worte regt in uns Stimmungen an. So ist es auch bei der aktiven und passiven Sterbehilfe. Werden „passiv" und „aktiv" als Adjektive miteinander verglichen, losgelöst vom Sterben, wird Passivität gegenüber Aktivität eindeutig als negativ empfunden. Diese Wertigkeit wird von den Menschen völlig unbewusst auf die Sterbehilfe übertragen.

„Ein Haustier wird in solch einer Situation eingeschläfert", sind die Worte von Krebspatienten, denen keine kurative Hilfe mehr zuteil werden kann. „Ich will doch nicht verrecken wie ein räudiger Hund, abgeschoben in ein Sterbezimmer! Da mache ich doch lieber selbst Schluss!", ist für einige dieser Patienten die logische Schlussfolgerung.

Bei der Bezeichnung „passive Sterbehilfe" drängt sich das Bild des tatenlosen Sterbenlassens durchaus auf. In dieser Bezeichnung

kommt nicht zum Ausdruck, wie viel aktive Hilfe dem Sterbenden zuteil werden kann. Hier eine kleine Auflistung von Möglichkeiten:
- Der Sterbende wird schmerzfrei gehalten.
- Der Sterbende wird in einem Zustand ohne Atemnot gehalten.
- Der Sterbende erhält auch weiterhin ärztliche Begleitung.
- Der Sterbende erhält auch weiterhin volle Pflege.
- Der Sterbende erhält (auch weiterhin) seelsorgliche Begleitung.

Dies alles kann jedoch nur greifen und wirken, wenn der totgeweihte Patient spätestens bei der Mitteilung, dass seine Krankheit nicht heilbar ist, über diese höchst „aktive Sterbehilfe“ informiert wird.

Ideal wäre, wenn „aktive Sterbehilfe“ mit diesem Verständnis zum allgemeinen Verständnis und zur Allgemeinbildung werden würde. Der Sterbende weiß dann, dass er weder vom Arzt noch vom Pflegepersonal noch vom Seelsorger wie eine heiße Kartoffel fallen gelassen wird, sondern bis in seinen Tod hinein verantwortungsvoll zu einem menschenwürdigen Sterben begleitet wird.

Die Bezeichnung „aktive Sterbehilfe“ sollte ausschließlich der wirklich aktiven Hilfe und Begleitung beim Sterben vorbehalten bleiben. Nur so können wir einer Sterbekultur wirksam entgegentreten, die immer mehr zu einer Kultur des Suizid verkommt. Die „aktive Sterbehilfe“ muss wieder das beinhalten, was sie namentlich ausdrückt: Keine Hilfe zum Suizid, sondern Hilfe beim Sterben.

1.6 Das Wesen des Todes

Naturwissenschaftlich betrachtet

Naturwissenschaftlich betrachtet ist der Tod das Ende des Lebens. Atmung und Herzschlag hören auf. Das Gehirn arbeitet nicht mehr. Das Bewusstsein erlischt. Das Leben als Mensch ist zu Ende.

Die Naturwissenschaft kann nur eine Aussage über alles Körperliche des Menschen machen. Über sein Bewusstsein oder gar über seine Seele vermag die Naturwissenschaft nichts zu sagen. Es muss damit gerechnet werden, dass dies auch für alle Zeiten so bleiben wird.

Ein toter Körper bleibt zurück, der kalt wird und der verwest. Vom Leichnam bleiben nur noch Knochen und Zähne über Jahre erhalten, in trockener Umgebung mehrere Jahrtausende. Von dem Menschen bleiben für einige Zeit Erinnerungen und seine Werke. Irgendwann ist er vergessen.

In einer Kurzformel könnte die naturwissenschaftliche Sicht über das Leben des Menschen wie folgt zusammengefasst werden: Der Mensch wurde gezeugt, geboren, lebte, starb und wurde vergessen.

Der Tod, der große Wandler

Der Tod jedes einzelnen Menschen wandelt diesen nicht nur vom Lebenden zum Toten, vom Menschen zum Leichnam. Nichts Irdisches wandelt so stark und nachhaltig wie der Tod. Diese Veränderung kommt auch sprachlich zum Ausdruck:

Ehefrau → wird zur Witwe;
Ehemann → wird zum Witwer;
Kinder → werden zu Halb- bzw. Vollwaisen;
Angehörige → werden zu Hinterbliebenen, Trauernden;
Sterbender → wird zum Verstorbenen, Toten, Leichnam.

Durch den Eintritt des Todes werden Menschen zu etwas Neuem. Sie sind nach dem Eintritt des Todes nicht mehr die Alten und werden es nie wieder sein. Der Verstorbene bleibt tot, die Hinterbliebenen werden in diesem Kontext nie wieder Angehörige.

Auch wenn der Witwer oder die Witwe wieder heiratet, so ist damit die erste Ehe nicht ausgelöscht. Die Erinnerungen an diese erste Ehe und den ersten Ehepartner bzw. die Ehepartnerin bleiben erhalten. Wiederverheiratete Witwen bzw. wiederverheiratete Witwer können ein Lied davon singen, wie präsent der erste Partner bzw. die Partnerin immer wieder ist.

Vollwaisen werden auch durch noch so liebevolle Adoptiveltern nie den Status der Vollwaisen verlassen können. Halbwaisen fehlt immer der eine Elternteil, auch wenn Vater bzw. Mutter wieder heiraten. Es ist nie die leibliche Mutter, nie der leibliche Vater.

Für die Veränderungen in der Familie haben wir Bezeichnungen. Für die Veränderungen in unserer Gesellschaft haben wir keinen Begriff. Sind die Menschen, die bislang beim Verstorbenen Trost, Hilfe und Rat geholt haben, nun auch Waisen? Wie ist ein Verein zu nennen, dessen engagierter Vorstand plötzlich verstarb? Wie ist eine Pfarrgemeinde zu nennen, deren 45-jähriger allseits beliebter Pfarrer plötzlich verstarb? Wie ist eine Firma zu nennen, deren sehr sozial eingestellter Gründer und tragender Leiter mit 60 Jahren plötzlich verstarb?

Der Tod, der große Trenner

Der Tod ist auch der große Trenner. Bei dem Begriff denken die meisten Menschen an die Trennung zwischen dem Verstorbenen und den Hinterbliebenen. Der Tod trennt sie voneinander, aber er führt sie auch wieder zusammen, und zwar beim Tod der Hinterbliebenen.

Der Tod ist auch der große Trenner für den Verstorbenen. Er hatte sein Leben vor seinem Tod. Christen glauben daran, dass er auch ein Leben nach seinem Tod hat, ein ewiges Leben.

Der Tod ist auch der große Trenner für die Hinterbliebenen. Er teilt deren Leben ein in ein Leben mit dem inzwischen Verstorbenen und ein Leben ohne den Verstorbenen. Dies können Witwen bzw. Witwer bestätigen.

Der Tod, der große Erlöser

„Er ist erlöst" ist häufig nach langem schweren Leiden zu hören, wenn der Angehörige gestorben ist. Der Tod erlöste den Kranken von seinen Schmerzen und seinem Leiden. Dies ist für viele Hinterbliebene eine tröstende Sichtweise.

Der Tod erlöst jedoch nicht nur von körperlichen und seelischen Schmerzen und Leiden. Er löst als großer Erlöser auch von ganz anderen Dingen. Der Tod erlöst auch
- von aller Habgier und allem Besitz;
- von aller Macht und allem Streben;

- von aller Hektik und allem Getriebensein;
- von allen Beziehungen und allem Irdischen.

Daher ist der Tod auch der große Erlöser. Er löst alle Bindungen an das Irdische auf.

Der Tod, der große Lehrmeister

Wer gestorben ist, muss nicht gelebt haben. (Volksmund)

Der Tod ist auch ein großer Lehrmeister. Leider fürchten ihn die meisten Menschen und wollen nichts mit ihm zu tun haben. Sie verhalten sich wie kleine Kinder, die die Augen schließen und den anderen Kindern sagen: „Such mich." Auch wenn wir den Tod aus unserem Leben verbannen, so ist er dennoch da. Auch wenn wir uns nur mit dem Leben beschäftigen, so wird er uns doch auch selbst einmal treffen.

> Ein Schüler fragte Konfuzius: „Meister, was ist der Tod?" Worauf dieser antwortete: „Wie soll ich dir das sagen? Ich weiß ja nicht einmal, was das Leben ist."

Der Tod ist in vielfältiger Weise ein Lehrmeister:

- Der Tod eines nahestehenden oder gar geliebten Menschen macht uns unsere eigene Endlichkeit bewusst.
- Wenn Bekannte sterben, die in der gleichen Altersgruppe sind wie man selbst, kommen Gedanken auf, dass es einen auch selbst hätte treffen können.
- Wenn Menschen sterben, die in der gleichen Situation waren – z. B. Zugunglück, Unfall eines Reisebusses, Absturz eines Flugzeuges –, und man selbst überlebt dieses Unglück, geht dies einem sehr nahe. Man versteht als Überlebender nicht, warum man lebt und der andere tot ist. Mitunter fühlen sich Überlebende sogar schuldig, weil sie nicht tot sind wie die anderen.

Der Tod als Lehrmeister gibt uns keine Antworten, aber er wirft Fragen auf, über die wir nachdenken sollten. Was würde ich tun, wenn ich wüsste, dass ich nächstes Jahr sterben müsste? Was würde ich tun, wenn ich wüsste, dass ich morgen sterben müsste? Was ist mir wichtig? Wofür würde ich mich einsetzen? Die entscheidende Frage lautet: *Wofür leben wir?* Der Sinn des Lebens lässt sich am leichtesten vom Tod her beantworten. Die Antwort lässt sich darin finden, wenn die Frage anders gestellt wird: „Wofür lohnt es sich zu sterben?" oder auch: „Wofür wird getötet?" Diese Frage lässt sich vielfältig beantworten.

- *Für den Glauben:* Die Märtyrer starben in voller Überzeugung für ihren Glauben. Sie hatten das blinde Vertrauen, dass Gott sie dafür mit dem Himmel entlohne. Es gab eine Zeit der Christenverfolgung, da entschieden Konzile, dass niemand als Märtyrer anerkannt werden dürfe, der die Heiden so stark reizte, dass sie ihn zum Tode verurteilen. Der heilig gesprochene Theodor Trio ist ein Beispiel hierfür. Gemäßigte Menschen werden Priester, gehen in ein Kloster oder werden Seelsorgerin bzw. Seelsorger. Ihnen ist der Glaube der Menschen ein Anliegen.
- *Für Ansehen:* Dies betrifft Personen aus dem öffentlichen Leben und auch Privatpersonen. Bevor sie das „Gesicht", also ihr Ansehen verlieren, bringen sie sich lieber selbst um. Besonders tragisch ist es, wenn das durch Rufmord geschieht. Auch der Ehrenmord gehört hierher, wenn etwa die männlichen Familienmitglieder die Tochter bzw. Schwester umbringen, damit die „Ehre" der Familie nicht beschmutzt wird, weil die junge Frau eine andere Einstellung zu Traditionen, Beziehungen und Sexualität hat.
- *Für Macht:* Es gibt Menschen, die es im Leben gelernt haben, nach oben zu kommen. Sie kamen in angestrebte Machtpositionen. Nur wenige Menschen kommen in Machtpositionen, die sie nicht angestrebt haben. Wer jedoch einmal die Macht kennengelernt hat, der will nicht so leicht von ihr lassen. Mitunter kämpft er auch darum, diese Machtposition zu behalten.
- *Für Geld:* Der Gier nach Geld sind viele Menschen verfallen. Dies fängt beim kleinen Aktionär an, dem es nur darum geht, in kürzester Zeit die höchsten Gewinne zu erzielen. Die Gier nach Geld durchzieht alle Gesellschaftsschichten bis hoch zu den Topmanagern, die jährlich Millionenbeträge einfordern und sie auch erhalten.

- *Für Wissen:* Geborene Wissenschaftler leben für das Wissen. Sie sehen ihren Lebenssinn darin, Wissen zu erlangen, Wissen zu schaffen, Fragen zu beantworten, die vor ihnen noch kein Mensch beantwortet hat. Für diese Anreicherung an Wissen setzten sie ihr Leben ein, dafür leben sie.
- *Für den Beruf:* Viele Menschen sehen ihren gewählten Beruf als Berufung. Für sie ist ihre Arbeit kein Job, für den man nur bezahlt wird. Für sie ist die mit dem Beruf verbundene Arbeit der Sinn des Lebens. Dies trifft vor allem auf Helferberufe zu: Ärzte, Krankenschwestern und Krankenpfleger, Entwicklungshelfer usw.
- *Für die Familie:* Wohl die meisten Menschen sehen den Sinn ihres Lebens in der Familie: Für sie ist es wichtig, zu heiraten, Kinder zu kriegen, sie gut zu erziehen, vielleicht noch die Enkel und Urenkel zu erleben. Die Familie ist ihre Welt. Für die Familie tun sie alles.

Auch Jesus gibt uns keine eindeutige Antwort auf die Sinn-Frage. Er stellt sie uns im Zusammenhang eines Gleichnisses. Damit kommt aber auch zum Ausdruck, dass es absolut legitim ist, dass der Sinn des Lebens für jeden Menschen anders ausfällt.

> Mit dem Himmelreich ist es wie mit einem Schatz, der in einem Acker vergraben war. Ein Mann entdeckte ihn, grub ihn aber wieder ein. Und in seiner Freude verkaufte er alles, was er besaß, und kaufte den Acker. Auch ist es mit dem Himmelreich wie mit einem Kaufmann, der schöne Perlen suchte. Als er eine besonders wertvolle Perle fand, verkaufte er alles, was er besaß, und kaufte sie. (Mt 13,44–46)

Der Hunger macht das Brot so wertvoll.
Der Durst macht das Wasser so wertvoll.
Der Tod macht das Leben so wertvoll.

2. *Das Sterben der Anderen*

2.1 Zuhause – im Heim – in der Klinik

In der Regel können wir uns aussuchen, ob wir bzw. unsere Angehörigen zu Hause oder in einem Heim sterben. Die Entscheidung kann nur jeder selbst bzw. ein Angehöriger für ihn treffen.

Der Tod in der Klinik wird kaum von jemandem angestrebt, wenngleich er auch dort nicht selten vorkommt. Da das Sterben in der Klinik einige Besonderheiten aufweist, die das Zuhause und das Heim nicht haben, ist dem Sterben in der Klinik ein eigenes Kapitel gegeben.

Ein Vergleich

Der Vergleich des Sterbens zu Hause mit dem Sterben in einer Pflegeeinrichtung (Heim, Hospiz) zeigt die Vor- und Nachteile des jeweiligen Ortes auf.

Zuhause	**Pflegeeinrichtung**
Die Angehörigen haben den Sterbenden Tag und Nacht bei sich.	Die Angehörigen müssen zu der Pflegeeinrichtung fahren, um beim Sterbenden zu sein.
Der Sterbende stirbt in der gewohnten Umgebung.	Der Sterbende stirbt in einer für ihn fremden Umgebung.
Die Pflege des Sterbenden kann eine große Belastung werden.	Die Pflege wird von professionellen Pflegekräften übernommen.
Die Angehörigen müssen fremde Hilfe (Personal und Material) organisieren.	Die Hilfe ist durch Unterbringung in der Pflegeeinrichtung gegeben.
Es entstehen nur die direkten Kosten.	Alle Kosten sind durch den Pflegevertrag abgegolten. Getragen werden diese durch Pflegeversicherung und den Versicherten bzw. die Angehörigen.

Bei der Frage nach der Ortswahl sollte es nicht stur heißen „Die Pflege organisieren wir in jedem Fall zu Hause." Es sollte vielmehr darauf geachtet werden, was sinnvoll und machbar ist. Von der Pflege überlastete Angehörige sind auch für den Sterbenden nicht erbaulich.

Sterben zu Hause

Die meisten Menschen wollen zu Hause sterben, im Kreis ihrer Familie, in ihrer gewohnten Umgebung. Oft wird dieser Wunsch von ihren Kindern unterstützt.

Wenn der Sterbende Pflege benötigt, sind Kinder oft dazu bereit. Nicht selten nehmen die Kinder dabei Belastungen auf sich, die über ihre eigenen Kräfte gehen. Die Kinder sollten dann den Mut aufbringen und sich helfen und beraten lassen. So gibt es technische Hilfsmittel – angefangen vom Pflegebett bis hin zur Schmerzpumpe –, die das Leben der Pflegenden wie auch das des Sterbenden erleichtern. Doch auch hier gilt: Wenn man sie nicht anwendet, können sie nicht helfen.

Zieht sich das Sterben über viele Monate hin, so haben die Pflegenden auch das Recht, den Pflegebedürftigen in eine Kurzzeitpflege zu geben. Im Jahr werden bis zu vier Wochen von der Krankenkasse übernommen, damit auch die Pflegenden in Urlaub fahren und sich erholen können. Pflegende Angehörige müssen auch an sich denken und sich guten Gewissens eine Zeit der Erholung gönnen. Sie wird ihnen gut tun wie auch dem zu pflegenden Angehörigen. Erkundigen kann man sich bei der Krankenkasse des zu Pflegenden.

Ist der Angehörige verstorben, so muss er nicht sogleich vom Bestatter abgeholt werden. Er darf auch erst einmal zu Hause aufgebahrt werden. Je nach Bundesland variieren diese Zeiten meist zwischen 36 und 48 Stunden. Aus Unwissenheit um diese Möglichkeit verpassen viele Hinterbliebene diese Chance, in Ruhe zu Hause Abschied zu nehmen.

Sterben in einer Pflegeeinrichtung

Manchmal erkennen Angehörige schmerzlich, dass sie die Pflege des Sterbenden zuhause nicht (mehr) leisten können. Sie übersteigt die eigenen Kräfte, selbst mir der organisierten Hilfe. Dann ist es sinnvoll, den Sterbenden in eine Pflegeeinrichtung zu bringen.

Die Auswahl der Pflegeeinrichtung ist von einigen Rahmenbedingungen begrenzt. Hierzu gehören:

- Standort der Pflegeeinrichtung (Anfahrtsweg);
- Leistung der Pflegeeinrichtung (einfach bis Luxus);
- Ruf der Pflegeeinrichtung (gut muss nicht teuer sein);
- Preisklasse der Pflegeeinrichtung (sehr unterschiedlich);
- Hospiz (nur für die letzten Wochen des Lebens möglich).

Es ist sinnvoll, dass Angehörige sich die Pflegeeinrichtung zuvor ansehen oder danach erkundigen.

Wer in eine Pflegeeinrichtung geht, dem ist meist bewusst, dass damit sein letzter Lebensabschnitt begonnen hat. Er wird die Pflegeeinrichtung voraussichtlich nur tot verlassen. Oft ist dies für die Heimbewohner wie auch für die Beschäftigten ein Tabuthema. Das muss es jedoch nicht sein, wie die folgende Erfahrung zeigt:

> Glockeninspektor Kurt Kramer besuchte in Karlsruhe einen Bekannten in einem Pflegeheim. Dabei bekam er mit, dass ein Toter über die Hintertür des Heimes abgeholt wurde. Kurt Kramer fragte bei der Heimleitung nach, warum denn die Bewohner zwar zur vorderen Tür hereinkommen aber nach ihrem Tod zur Hintertür abtransportiert werden. Die Heimleitung ließ sich von ihm überzeugen, dass es sinnvoll ist, wenn die Toten auch über die gleiche Tür abgeholt werden, über die sie ins Heim gekommen sind. Diese Entscheidung wurde von den Heimbewohnern äußerst positiv aufgenommen:
>
> - Sie werden seither informiert, wenn ein Mitbewohner des Heimes gestorben ist.
> - Soweit sie noch mobil sind, können sie dem Verstorbenen in der Eingangshalle das letzte Geleit geben. Es ist für sie wie ein Ersatz für das Nicht-teilnehmen-können an der Bestattung.
>
> Sie wissen, wenn sie verstorben sind, werden auch sie so verabschiedet. Das Wissen darum ist tröstend.

Mit der Veränderung im Umgang mit Toten in diesem Heim wurde nicht nur Sterben und Tod allgemein thematisiert, es gab auch einen natürlicheren Umgang mit diesem Thema. Heimbewohner wie auch Beschäftigte gewannen von dieser Veränderung.

Wie dieses Beispiel zeigt, müssen Sterben und Tod selbst in Pflegeeinrichtungen nicht tabuisiert werden, sondern das Thema wird von allen positiv aufgenommen, wenn ein möglichst ungezwungener Umgang damit gefunden wird.

Sterben in der Klinik

Das Sterben in der Klinik ist so unterschiedlich wie die Situationen, in denen die Menschen in die Klinik kommen:

Hochbetagte Sterbende

Manchmal werden Hochbetagte in die Klinik gebracht, die im Grunde Sterbende sind. Trotz aller medizinischen Errungenschaften und Einsatz der Intensivmedizin kann das Leben nicht mehr erhalten werden. Der Körper ist alt und verbraucht. Es besteht keine Möglichkeit der Lebensverlängerung.

Trotz solcher Umstände ist es nicht für alle Angehörige klar, dass nun kein Patient im Sinne einer kurativen Behandlung vorliegt, sondern ein Sterbender. Dies erschwert die Begleitung der Angehörigen. Sie müssen erst einmal den gedanklichen Akt vollziehen, dass es nun keine Heilung mehr gibt, sondern nur noch Sterbebegleitung.

Akute Lebensgefahr

Viele Menschen kommen mit akuter Lebensgefahr in die Klinik. Den meisten von ihnen kann erfolgreich geholfen werden. Dies darf nicht außer Acht gelassen werden.

Befindet sich der eingelieferte Mensch in der Lebensmitte oder ist er gar noch ein Kind, so hoffen alle auf Rettung. Manchmal zieht es sich über Tage und Wochen hin, bis klar ist, dass es für diesen Patienten keine Rettung mehr gibt. Diese Tage und Wochen sind für die Angehörigen eine sehr belastende Zeit. Sie befinden sich in einem ständigen Wechselbad der Gefühle zwischen Hoffen und Bangen. Steht dann endlich fest, dass es keine Rettung gibt, kann dies sogar von den Angehörigen als Entlastung erlebt werden. Sie wissen nun, was auf sie zukommt, und können sich darauf einstellen. Sie haben dann noch Zeit, sich von dem Sterbenden bewusst zu verabschieden.

Längere Krankheit

Einige Menschen kamen immer wieder in die Klinik. Dort wurde ihnen geholfen. Es erfolgte nicht nur Heilung, sondern manchmal auch Abwendung des Todes.

Nun kommt dieser Mensch wieder in die Klinik. Für den Patienten wie auch seine Angehörigen erfolgt dieser Gang als Wiederholung. Warum soll dieser Krankenhausaufenthalt anders werden als die vorigen? Dass es nun sein letzter Krankenhausaufenthalt werden soll, denken weder der Patient noch die Angehörigen. Manchmal muss dieses Umstellen von Hoffen auf Abschiednehmen in wenigen Stunden erfolgen. Dies ist für alle Beteiligten schwer, für Ärzte und Pflegende, aber insbesondere für Angehörige und den Sterbenden.

Plötzliche Verschlechterung

Bei einigen stationär aufgenommenen Patienten verschlechtert sich der Gesundheitszustand trotz aller Bemühungen der Ärzte so stark, dass sie sterben.

Nur zur Untersuchung

Es werden auch Menschen zur Untersuchung in die Klinik einbestellt. In der Regel ist dies nichts Ungewöhnliches. Die Person wird untersucht und kann dann wieder nach Hause gehen. In wenigen Ausnahmefällen verläuft es jedoch völlig anders:

- *Schlimme Diagnose:* In sehr seltenen Fällen wird bei der Untersuchung eine weit fortgeschrittene tödliche Erkrankung (z. B. Darmverschluss) diagnostiziert. Meist wird umgehend gehandelt, um das Leben des Menschen zu retten, doch leider gelingt das nicht immer. Für die Hinterbliebenen kommt diese Entwick-

lung meist völlig unerwartet. Sie sind daher völlig schockiert, wenn ihr Familienmitglied plötzlich tot ist.
- *Komplikation bei der Untersuchung:* In gleichfalls sehr seltenen Fällen kommt es bei der Untersuchung zu Komplikationen, die schließlich zum Tode führen. Auch hierbei sind die Hinterbliebenen über den Verlauf völlig schockiert. Sie können das Geschehene nur sehr schwer fassen.

Von Angehörigen ist in solchen Fällen manchmal zu hören: „Einen Gesunden brachten wir hierher, einen Toten werden wir nach Hause nehmen.“ Dieser Satz drückt nicht nur ihre Sichtweise des Erlebten aus, sondern auch die Schwere, das Geschehene zu begreifen und zu akzeptieren.

Andere Todesorte

Sterben ereignet sich nicht nur zu Hause, in Pflegeeinrichtungen oder in Kliniken. An allen Orten wird gestorben. Es gibt keinen Ort, an dem Sterben nicht möglich wäre: Auf der Straße (Verkehrsunfall) und am Arbeitsplatz (Arbeitsunfall), beim Sport und in der Freizeit, ... überall wird gestorben. Der Tod kann eintreten durch
- *plötzlich auftretende tödliche Erkrankung:* schwerer Herzinfarkt, schwerer Hirninfarkt (Schlaganfall) und andere tödliche Erkrankungen (z. B. das Platzen eines großen Aneurysmas [permanente Erweiterung eines Blutgefäßes]);
- *Unfall:* Verkehrsunfall, Arbeitsunfall, Sturz, Stromschlag und andere tödliche Unfälle.

Diesem Sterben ist gemeinsam, dass es unerwartet kommt. Niemand konnte sich darauf vorbereiten, weder der Verstorbene noch die Hinterbliebenen. Eine Sterbebegleitung war damit nicht möglich.

Aufbahrung des Toten

Jeder Tote darf aufgebahrt werden. Dadurch haben Hinterbliebene, Freunde und Nachbarn die Möglichkeit, vom Verstorbenen Abschied zu nehmen, meist am noch offenen Sarg.

Die Aufbahrung ist nicht nur in der Leichenhalle des Friedhofs möglich, sondern der Verstorbene darf auch zu Hause aufgebahrt werden. Dieses Recht ist unabhängig vom Ort des Sterbens. Je nach Bundesland ist dies für zwischen 36 und 48 Stunden möglich, mitunter kann sogar diese Zeit auf Antrag verlängert werden.

Die Aufbahrung zu Hause gibt der Familie, Freunden und Nachbarn die Möglichkeit, in der gewohnten Umgebung vom Verstorbenen Abschied zu nehmen.

2.2 Sterbebegleitung

Sterbende begleiten heißt loslassen

> *Menschlichkeit zeichnet sich in der Grundregel dadurch aus, dass auf den Schwächsten geschaut wird.*

Beim Sterben fühlen sich die Angehörigen hilflos. Diese Hilflosigkeit wird sehr unterschiedlich erfahren:

- *Sie wollen das Sterben verhindern.* Dies gilt ganz besonders für junge Menschen, die sterben. Auch von einem Menschen, den man sehr liebt, nimmt man schwer Abschied.
- *Sie wollen das Sterben hinausschieben.* So oft konnten die Ärzte dem Menschen helfen, warum sollte es diesmal nicht wieder gelingen? Der Tod kommt irgendwann, doch er soll jetzt noch nicht kommen.
- *Sie wollen das Sterben erleichtern.* Wenn jemand durch schwere Krankheit stirbt – z. B. Krebs – würden Angehörige das Sterben gerne erleichtern und können es nicht.
- *Sie wollen das Sterben beschleunigen.* Wenn sich das Sterben über Wochen und Monate hinzieht, wünschen sich Angehörige mitunter, dass das Sterben schneller geht.
- *Sie wollen stellvertretend sterben.* Insbesondere wenn Kinder sterben, würden Eltern gerne stellvertretend für sie sterben und können es nicht.

In diesen Situationen des Sterbens fühlt man die ganze Ohnmacht, mit der wir Menschen dem Sterben gegenüber stehen. In dieser Ohnmacht wird oft übersehen, dass es einen Menschen in diesem Geschehen gibt, der noch schwächer ist als die Angehörigen: der Sterbende.

Die Welt verliert durch den Tod einen Menschen.
Der eine Mensch verliert durch seinen Tod die Welt.

Hilfreich sind vielleicht die Abschiedsworte eines Sterbenden:

Liebe Familie, liebe Freunde und Bekannte.
Meine Zeit ist abgelaufen. Ich muss nun gehen.
Gerne wäre ich noch weiter bei Euch geblieben,
aber Gevatter Hein ruft nach mir.
Er will mich zu dem zurück holen, von dem wir alle gekommen sind.
Dort werden wir uns dereinst alle wiedersehen.
Ich weiß, mein Weggang schmerzt Euch sehr,
doch er lässt sich nicht verhindern.
Ihr könnt die Ärzte mit ihrem Wissen und Können rufen,
doch sie können das Unvermeidbare nur aufschieben.
Als Gläubige könnt Ihr Gebetsnovenen abhalten,
doch Gott wird sich dadurch nicht umstimmen lassen.
Mit all Eurer Herzenskraft könnt Ihr versuchen mich zu halten,
doch Ihr werdet mich nicht aufhalten können.
Ihr könnt mich mit all Eurer Liebe umfassen,
ich werde dennoch gehen.
Nicht, dass ich nicht bei Euch bleiben wollte,
doch auch ich werde nicht gefragt, sondern habe zu gehen.
Beim Versuch, mich zu halten, werdet Ihr leere Hände bekommen.
Wenn Ihr mich aber gehen lasst, so verspreche ich Euch:
Ich werde zu jeder Zeit und an allen Orten bei Euch sein.
In Euren Herzen bin ich Euch immer nahe,
an allen Orten und zu allen Zeiten.
Daher meine Bitte: Lasst mich gehen.

Grundregel: Achtsam sein

Die Angehörigen sind zwar dem Sterben gegenüber ohnmächtig, aber sie können dennoch aktiv sein. Der Sterbende kann in seiner letzten Lebensphase nur noch sterben.

Die Angehörigen sind daher auch in dieser Phase ihrer Ohnmacht und ihrer Trauer aufgerufen, den Sterbenden und seine Wünsche nicht aus dem Blick zu verlieren. Der Sterbende ist bei diesem Geschehen nicht nur die Hauptfigur, sondern auch der Schwächste. Daher sollten seine Wünsche nicht aus dem Blick verloren werden.

Bei der Begleitung von Sterbenden wird häufig der Fehler gemacht, dass man die Wünsche der Angehörigen verwirklicht, nicht aber auf die Wünsche der Sterbenden achtet, die man häufig nicht kennt, weil man sie nicht erfragt.

Daher sollte eine Grundregel der Sterbebegleitung lauten: Erfrage die Wünsche des Sterbenden, um sie hernach erfüllen zu können.

Wünsche statt Forderungen

Sterbende Menschen sind schwache Menschen. Sie sind körperlich und emotional kraftlos. Sie fühlen sich wie ein Gesunder, der sich bei einem 5.000-Meter-Lauf völlig verausgabt hat. Ein wesentlicher Unterschied zwischen dem Sterbenden und dem verausgabten Sportler: Der Gesunde erholt sich wieder, der Sterbende nicht.

Weil Sterbende körperlich wie emotional kraftlos sind, ist jede Erwartungshaltung an sie eine Überforderung. Nicht, dass sie nicht wollten, sie können nicht! Es muss für Sterbende wie ein Faustschlag ins Gesicht sein, wenn Angehörigen zu ihnen sagen: „Halte durch! Du schafft das schon“, oder gar „Du schafft das, wenn Du nur willst.“

Die nachfolgend genannten Forderungen sind keine Erfindungen, sondern aus realen Begegnungen im Krankenhaus entnommen.

Forderungen	Wünsche und Fragen
Mach die Augen auf und sieh mich an, wenn ich gehe! Deutlicher kann man eine Forderung kaum formulieren. Nicht nur am Krankenbett, sondern auch am Sterbebett kommt es immer wieder vor, dass eine solche Forderung gestellt wird.	**Ich würde mich freuen, wenn Du mich zum Abschied kurz ansehen könntest.** Hier kommt die Freiwilligkeit deutlich zum Ausdruck. Der Sterbende weiß, dass er nicht ständig schauen soll, sondern dass er gebeten wird, zum Abschied noch ein letztes Mal die Augen kurz zu öffnen. Auch klingt hier schon Verständnis dafür mit, wenn der Sterbende es nicht mehr vermag („könntest").
Sag doch was, wenn ich schon hier bin! Hier wird die Realität des Sterbens nicht erfasst. Noch immer glaubt man, dass das Leben so weiter geht wie bisher, dass der Sterbende noch immer so sprechen kann wie in den Jahren zuvor.	**Ich nehme an, dass Dir alles zu viel ist und Du einfach nur Deine Ruhe haben willst.** Hier wird Verständnis bewiesen, dass der Sterbende kraftlos oder müde ist. Er muss nichts mehr leisten, er darf die ihm verbleibende Zeit noch leben.
Du musst etwas essen, ...! Sterbende haben kaum noch Hunger, eher Durst. Doch auch nur schluckweise. Manchmal verweigern Sterbende das Essen, damit ihr Sterben schneller geht.	**Willst Du etwas essen?** Damit wird der Wille des Sterbenden respektiert. Sein Wille soll erfüllt werden, nicht der Wille des Besuchers.
Du musst durchhalten! Das wird schon wieder. Hier wird das Sterben nicht akzeptiert. Selbst wenn die medizinischen Werte trotz Maximalbehandlung rückläufig sind und der Sterbende nicht mehr leben will, wird von ihm gefordert, dass er sich nicht aufgeben soll.	**Es ist für mich schwer, wenn Du stirbst, aber ich akzeptiere auch, dass Du keine Kraft mehr hast.** Hier wird Größe bewiesen. Der eigene Schmerz wird genannt, aber zu Gunsten des Wohles des Sterbenden zurückgestellt. Der Sterbende darf sterben.

Sterbende müssen gar nichts mehr, nur noch sterben.

Anstatt so … besser so …

Manchmal ist es schwer, am Kranken- bzw. Sterbebett die richtigen Worte zu finden. In der nachfolgenden Tabelle wird eine grobe Orientierung darüber gegeben, was man falsch und wie man es besser machen kann.

Anstatt …	**besser …**
vorausgehende Äußerung des Sterbenden: „Ich habe Angst vor dem Sterben.“ **Kämpfe, dann wird alles wieder gut!** Diese Aufforderung kann man bis zu einem gewissen Zeitpunkt vielleicht für sinnvoll halten. Wenn sich jedoch der Patient in der Sterbephase befindet, ist es reine Leugnung der Situation und eine völlige Überforderung des Sterbenden.	**Was macht Dir dabei Angst?** Hierbei wird die Tatsache des Sterbens akzeptiert und auf die Ängste des Sterbenden eingegangen.
Quatsch, Du wirst nicht sterben. Die Tatsache des Sterbens wird absolut geleugnet. Der Sterbende hat keine Chance, mit diesem Menschen über sein Sterben zu sprechen.	**Woran machst Du fest, dass Du sterben wirst?** Die Aussage des Sterbenden wird stehen gelassen und es wird hinterfragt, auf welchem Hintergrund er zu dieser Aussage gekommen ist.
Du darfst Dich nicht umbringen, sonst kommst Du in die Hölle! Hierbei wird mit moralischen Vorstellungen versucht, den Sterbenden von einem Suizid abzuhalten.	**Wovor fürchtest Du Dich, dass Du solche Gedanken hast?** Hiermit werden die Ängste angesprochen, vor denen sich der Sterbende fürchtet und die ihn zu Gedanken des Suizids drängen.

Anstatt ...	besser ...
Du schleichst Dich einfach davon und entziehst Dich der Verantwortung. Dem Sterbenden wird hiermit noch ein schlechtes Gewissen gemacht, dass er sich durch den Tod der Verantwortung entziehe. Dabei wäre dem Sterbenden auch lieber, er könnte weiterleben.	**Es wird mir schwer fallen, die ganze Verantwortung zu tragen, ohne sie mit Dir teilen zu können.** Damit wird das Sterben des Angehörigen akzeptiert, gleichzeitig aber auch die Sorge um die eigene Belastung über die ausstehende Verantwortung angesprochen.
Du kannst mich doch nicht alleine lassen! Auch hiermit wird dem Sterbenden eine Schuld zugesprochen: Er ließe den Angehörigen durch seinen Tod bewusst alleine.	**Du wirst mir sehr fehlen.** Damit werden die eigenen Gefühle benannt, die der Tod des Angehörigen auslösen wird.
Nein, Du wirst nicht sterben! Das ist eine Lüge, die der Sterbende gleich als solche erkennt. Er weiß damit auch, dass er mit Ihnen nicht über sein Sterben reden kann.	**Warum meinst Du, dass Du sterben wirst?** Damit zeigen Sie, dass Sie für das Thema Sterben offen sind, dass der Sterbende mit Ihnen darüber sprechen kann.
Kämpfe, Du darfst nicht sterben! Dies zeigt, wie sehr Sie an dem Sterbenden hängen, wie sehr Sie ihn aber auch für Ihre Bedürfnisse missbrauchen. Damit setzen Sie den Sterbenden unter einen Leistungsdruck, den er – selbst wenn er es versucht – nicht erfüllen kann.	**Wie viel Zeit gibst Du Dir denn noch, Tage, Wochen, Monate oder Jahre?** Damit zeigen Sie, dass Sie seine Äußerung über sein Sterben ernst nehmen. Sie wollen sich zusammen mit ihm darauf einstellen und erfragen mit Nennung von konkreten Zeitangaben grob die noch verbleibende Zeit.

Keinesfalls sollte dem Sterbenden Schuld zugesprochen werden. Damit belastet man ihn nur zusätzlich. Hilfreicher ist es, wenn man von sich erzählt und die eigenen Gefühle benennt, die der ausstehende Tod mit sich bringen wird.

Ohne Worte

Oft sind Sterbende in der letzten Phase ihres Sterbens so schwach, dass sie nicht (hörbar) sprechen können. Ein Kopfschütteln oder Kopfnicken fällt ihnen leichter als „Nein“ oder „Ja“ zu sagen. Daher macht es Sinn, dem Sterbenden kommunikativ entsprechend entgegen zu kommen. Dies geschieht vor allem durch Einschränkung der Kommunikation auf das Allernotwendigste und durch Fragen, die mit einem Kopfnicken oder Kopfschütteln beantwortet werden können.

Wichtig ist dabei, dass auf die vom Sterbenden ausgehenden Signale geachtet wird. Diese sollten jedoch nicht nur einfach interpretiert und entsprechend umgesetzt werden. Ohne Rückfragen an den Sterbenden kann man mit seiner Interpretation der Signale falsch liegen. Daher sollten die wahrgenommenen Signale des noch ansprechbaren Sterbenden ihm zurückgemeldet werden. Wenn der Sterbende zum Sprechen zu schwach ist, sind noch immer Ja-Nein-Fragen als Kommunikationsmittel möglich:

Statt so ...	**Besser so ...**
Die folgenden Fragen können weder mit Ja noch mit Nein beantwortet werden. Sie sind daher ungeeignet für die Kommunikation mit Sterbenden, die nicht sprechen können.	*Die folgenden Fragen können mit Ja oder Nein beantwortet werden. Sie sind daher geeignet für die Kommunikation mit Sterbenden, die nicht sprechen können.*
Wie geht es Ihnen heute?	Geht es Ihnen heute gut?
Wie war die Nacht?	Konnten Sie in der Nacht gut schlafen?
Was haben Sie heute erlebt?	Haben Sie heute Schönes erleben können?
Warum weinen Sie?	Haben Sie Schmerzen, da Sie weinen?
Wollen Sie auf der linken oder rechten Seite liegen?	Wollen Sie auf der linken Seite liegen?
Warum machen Sie heute einen so kraftlosen Eindruck?	Sie machen heute einen sehr kraftlosen Eindruck. Ist Ihnen auch so?

Mache die Augen auf, wenn ich schon da bin und mit dir spreche.	Ich habe den Eindruck, dass Sie nun Ruhe haben wollen. Ist es Ihnen recht, wenn ich still bei Ihnen bleibe?

Beim letzten Beispiel wird nicht nur das verbal gespiegelt, was man wahrnimmt, es wird dafür auch Verständnis gezeigt und gleichzeitig der eigene Wunsch zum Ausdruck gebracht. Man will dem Sterbenden einfach nur nahe sein. Man hat keine Erwartungen an ihn. Der Sterbende muss nichts tun. Er darf in freier Entscheidung das Angebot annehmen oder ablehnen. Er als der Schwächere darf entscheiden.

Gefühle beim Sterben eines lieben Angehörigen

Beim Tod eines geliebten Menschen brechen Gefühle auf. Sie gehören zu den stärksten Gefühlen unseres Lebens. Sie sind kaum zu steuern. Es gibt Menschen, die dennoch versuchen, ihre Trauer in den Griff zu bekommen.

Wir tun uns keinen Gefallen, wenn wir gegen unsere Gefühle der Trauer ankämpfen. Auf Dauer sind wir dabei immer die Verlierer. Daher macht es Sinn, seine Trauer zu leben.

Trauer ist keine Krankheit, sondern eine ganz normale und menschliche Reaktion auf den (drohenden) Tod eines Menschen. Trauer braucht daher auch nicht therapiert zu werden, zumal wenn der Sterbende noch am Leben ist.

Tränen sind der Preis der Liebe.

Schon vor dem eigentlichen Tod eines Sterbenden beginnen einige Angehörige zu weinen. Manchmal wird von Dritten versucht, sie davon abzuhalten, etwa mit Worten wie: „Du brauchst doch nicht zu weinen, denn er ist ja noch da!" Diese Menschen wissen nicht um die Trauer, die sich schon vor dem Tod einstellt und die Trauer nach dem Tod entsprechend verkürzt und erleichtert.

Um einen geliebten Menschen hat man 1.000 Tränen zu weinen. Es spielt keine Rolle, wann sie geweint werden.

Diese Worte sind auch an die Menschen gerichtet, die versuchen, ihre Trauer mit Medikamenten zu unterdrücken. Sie tun sich damit keinen Gefallen, wenn sie das auf Dauer versuchen. Für eine einzelne Handlung – z. B. die Bestattung – kann es hingegen hilfreich sein. Damit sollte es aber genug sein.

Trauern ist wichtig. Trauern ist heilsam. Wer dauerhaft das Trauern unterdrückt, wird krank.

Einige verwehren sich das Weinen. Sie wissen auch nicht um die heilsame Wirkung von Tränen:

Mit jeder Träne wird ein Stück der Trauer abgewaschen.

Es ist nicht nur ein schönes Bild, wie Trauerarbeit geschieht. Weinen ist konkrete Trauerarbeit. Daher sollte das Weinen nicht unterbunden werden.

Es gibt aber beim Tod eines Menschen nicht nur Gefühle der Trauer. Je nach Lebenssituation gibt es auch völlig andere Gefühle. So können beim Tod eines Menschen auch Gefühle der Erleichterung und sogar der Freude aufkommen. Dies nicht nur, wenn der Sterbende von seiner Krankheit und seinen Qualen erlöst ist. Es kann auch sein, dass der Hinterbliebene sich von einem ihn belastenden oder gar quälenden Menschen befreit fühlt.

Sogar sich widersprechende Gefühle von Freude und Leid, von Entspannung und Trauer können sich in einem regen. Auch das ist normal. Man braucht sich dessen nicht zu schämen.

Wenn man den eigenen Gefühlen nicht trauen will, sich fragt, ob sie richtig sind, ob man diese Gefühle haben darf, gerade dann sollte man sich die Grundregel ins Bewusstsein rufen: Gefühle sind da, um gelebt zu werden.

Besonders Männer neigen dazu, Gefühle zu unterdrücken. Sie wollen zeigen, dass sie ein Mann sind und kein Jammerlappen. Sie wollen auch in ihrer Trauer hart sein, auch gegen sich selbst. Einige sind geprägt von Sätzen wie „Ein Indianer kennt keinen Schmerz" oder „Was uns nicht umbringt, macht uns nur härter". Allen, die sich mit ihren Gefühlen schwer tun, sich ihrer schämen, sie zu kontrollieren oder gar zu unterdrücken versuchen, sei dies ans Herz gelegt:

Es gibt schon zu viele gefühllose und gefühlsarme Menschen, da müssen Sie nicht auch noch einer von ihnen werden.

Wenn wir versuchen, unsere schmerzlichen Gefühle wie Trauer zu unterdrücken, laufen wir Gefahr, unser gesamtes Gefühlsleben zu verflachen oder gar gänzlich auszulöschen. Dies wäre sehr schade, denn: Gefühlvolle Menschen sind wertvolle Menschen.

„Ich muss sterben"

Manchmal sind es nur kurze Sätze, die von Sterbenden zu hören sind, doch sie haben eine große Tragweite. An dem Satz „Ich muss sterben" soll das exemplarisch aufgezeigt werden.

Ein Satz wie „Ich muss sterben" kann verschiedene Hintergründe haben. Meist ist er mit irgendeiner Angst verbunden:

Angst vor körperlichem Leid

Viele Todgeweihte sagen, dass sie keine Angst vor dem Sterben haben, sehr wohl aber vor dem Wie. Sie wollen nicht qualvoll sterben, sondern friedlich einschlafen. Wenn sie wissen, dass ihnen körperliche Schmerzen und Atemnot durch entsprechende Medikamente genommen werden, sind sie beruhigt. Sie können damit entspannt ihrem Sterben entgegensehen.

Angst vor dem Alleinsein

Die Angst vor dem Alleinsein hat viele Ausprägungen:

- *Alleinsein zwischen den Besuchen:* Wie gut können die Angehörigen mit meinem Sterben umgehen? Werden sie mich viel allein lassen? Wie empfinde ich die Zeit zwischen ihren Besuchen? Studien belegen, dass Ärzte und Pflegekräfte bei Sterbenden weniger Zeit verbringen als bei kurativen Patienten.

- *Alleinsein unter Menschen:* Wer sich nicht angenommen und/oder verstanden fühlt, der fühlt sich auch unter Menschen einsam. Aus dieser Einsamkeit zu entfliehen ist oft schwerer, als einfach nur um Besuch zu bitten. Man bräuchte Menschen, die einen annehmen und/oder verstehen. Doch das verstehen die Besucher häufig nicht. Sie sehen nur die Quantität, nicht die Qualität ihres Besuchs.
- *Alleinsein in der Sterbestunde:* Die meisten Menschen wollen beim Sterben vertraute, liebe Menschen bei sich wissen. Es gibt jedoch auch Patienten, die wollen in den Minuten des Sterbens allein sein. Gerade hierbei sollte es nicht geschehen, dass die eigene Vorstellung über das Sterben dem Gegenüber aufgedrückt wird.

> *Alleinsein müssen ist das Schwerste,*
> *Alleinsein können das Schönste.*
> *(Hans Krailsheimer)*

Angst vor dem Ausgeliefertsein

Sterbende sehen sich zuweilen dem Tod machtlos ausgeliefert. Besonders Menschen in den besten Jahren würden gerne noch einige Jahrzehnte leben. Sterbende erfahren das Sterben als Geschehen, das sich an ihnen ereignet, auf das sie kaum Einfluss haben, das sie nicht steuern können.

Waren Sterbende noch bis vor Stunden selbstständig, so erfolgt nun die Erfahrung der absoluten Hilfsbedürftigkeit. Als Sterbender ist man auf die Hilfe angewiesen, die einem zuteil wird. Hier hat man kaum Möglichkeiten der Einflussnahme.

Angst vor dem Danach

Gibt es ein Leben nach dem Tod, oder ist mit dem Tod alles aus? Das ist die Frage, die sich beim Sterben in besonderer Weise stellt. Ist der eigene Glaube stark genug, um auch im Sterben noch tragfähig zu sein? Wenn nicht, dann wird es ein hoffnungsloses Sterben, vor dem man sich fürchtet.

Angst vor der Hölle
Menschen, die Schuld auf sich geladen haben, fürchten am Lebensende, dass sie in die Hölle kommen könnten. Auch wenn sie ihr Handeln schon bitter bereut und mehrmals gebeichtet haben, sitzt die Angst vor der Hölle ihnen noch immer im Nacken. Hier kann auf den Glaubensgrundsatz verwiesen werden: Wir glauben, dass es eine Hölle gibt, wir vertrauen jedoch darauf, dass aufgrund der Gnade Gottes die Hölle leer ist.

Menschen, die einen Leistungsglauben besitzen, fragen sich häufig, ob ihre Leistungen ausreichen, um in den Himmel zu gelangen. Wenn es zu wenig wäre, würden sie für ihre Laschheit in der Hölle schmoren. Hier kann auf Paulus verwiesen werden, der sagt, dass Gott denen den Himmel versprochen hat, die ihn lieben:

> Nein, wir verkündigen, wie es in der Schrift heißt, was kein Auge gesehen und kein Ohr gehört hat, was keinem Menschen in den Sinn gekommen ist: das Große, das Gott denen bereitet hat, die ihn lieben. (1 Kor 2,9)

Welche Angst es auch immer ist, wichtig ist, dass diese Angst konkret benannt wird, denn nur so kann dem entgegen gewirkt werden, wovor sich der Sterbende fürchtet.

Was, wenn alles gesagt ist?

Die Situationen gibt es immer wieder: Der Sterbende und die Angehörigen haben alles Wichtige besprochen. Dem Sterbenden geht es noch relativ gut. Man kann sich gut mit ihm unterhalten, aber er will nicht (ständig) über sein Sterben sprechen. Worüber spricht man dann mit dem Sterbenden?

Die Falle, in die die meisten Menschen – auch manche Profis – dann treten, führt zur Hilflosigkeit. Man sieht nur noch einen Sterbenden vor sich, keinen Menschen. Man verliert aus dem Blick, dass dieser Mensch neben seiner Krankheit und seinem ausstehenden Sterben auch noch Mensch in vollem Umfang ist, wenn auch nicht mehr mit voller Leistung.

Sein Mensch-sein ist dem Sterbenden durch seine Situation kein bisschen geschmälert. Er ist noch immer Mitglied einer Familie. Er übte einen Beruf aus. Er hatte Hobbys und Interessen. Er hat vieles erlebt. Es gibt vielleicht auch gemeinsam Erlebtes, an das man sich erinnern kann.

Und – die meisten Menschen haben Humor oder können zumindest lachen. In Kinderhospizen werden oft Clowns einbestellt. Warum enthalten wir den erwachsenen Sterbenden Humor vor? Ist das Lachen nicht eine der schönsten Seiten unseres Lebens? Was spricht denn dagegen, mit dieser schönen Seite auch aus dem Leben zu scheiden?

> Ich wurde zur sterbenden Frau U. – Mitte 60 – gerufen, um ihr die Krankensalbung zu spenden. Mit anwesend waren ihre drei Töchter. Nachdem wir gebetet hatten, erzählte Frau U. einige Anekdoten aus ihrem Leben. Sie erzählte es so gut, dass wir alle schallend lachten, die Töchter, die Sterbende und ich. Eine Tochter sagte: „Unsere Mutter, wie sie leibt und lebt." Ich war versucht zu sagen „... und stirbt", doch ich hatte damals noch nicht den Mut dazu. – Heute sage ich mir, dass ich auch so sterben möchte: Heiter an einige Anekdoten aus meinem Leben denkend, mit einem Lächeln auf dem Gesicht.
>
> In einem Gespräch mit Herrn S., einem Patienten – er war schwer krank, aber nicht sterbend – kamen wir auch auf das Thema Sterben zu sprechen. Da sagte ich: „Wer mich mal zu beerdigen hat, der wird es schwer haben." Herr S.: „Warum denn?" Ich antwortete ihm: „Weil ich will, dass auf meiner Beerdigung gelacht wird." Die spontane Antwort von Herrn S. war: „Das will ich auch. Beerdigen Sie mich, wenn ich gestorben bin?" Ich war verblüfft. Mit dieser Reaktion hatte ich nicht gerechnet. Ich gab ihm zur Antwort: „Warum nicht? Dann weiß ich, was ich dem Pfarrer zumute, der mich zu bestatten hat." Zehn Tage später verstarb Herr S. ganz überraschend. Ich hatte ihn nun zu bestatten, wobei ich die Trauernden zum Lachen zu bringen hatte. Herr S. hatte einige Anekdoten aus seinem Leben aufgeschrieben, die mir dies ermöglichten. Noch nach Jahren wurde in seiner Gemeinde von dieser lustigen Beerdigung gesprochen. – Warum nicht auch mal so?

Vier Phasen der Sterbe- und Trauerbegleitung

Die Sterbebegleitung befasst sich nicht nur mit dem Sterbenden. Alle Menschen, die sich dem Verstorbenen verbunden fühlen, sind bei der Sterbebegleitung mit einzuschließen: Angehörigen, Freunden, Nachbarn, Arbeitskollegen, ... Ihnen stirbt ein lieber Mensch. Daher trauern sie um ihn.

Aus diesem Grunde geht die Sterbebegleitung nicht nur bis zum Tod des Sterbenden, sondern darüber hinaus. Sie lässt sich in vier Phasen aufteilen.

Begleitung bis zum Tod

In der Phase bis zum Tod steht der Sterbende im Mittelpunkt der Begleitung. Er ist der Schwächste. Er besitzt die kurze Lebensdauer. Ihm gilt die volle Zuwendung.

Daneben sollten aber die Angehörigen und Freunde nicht außer Acht gelassen werden. Viele von ihnen wollen das Sterben nicht wahrhaben oder wissen nicht damit umzugehen, sind völlig hilflos. Ihnen muss Hilfe in Form guter Begleitung zuteil werden.

Ist der Sterbende noch bis zuletzt ansprechbar und kann er noch selbst sprechen, so können die Angehörigen und Freunde ihm noch sagen, was ihnen wichtig ist.

> Als ein leitender Angestellter unserer Klinik im Sterben lag, rief er ihm wichtige Menschen zu sich. Bei dieser letzten Begegnung mit ihm sagte ich zu ihm: „Ich danke Ihnen für alles, was Sie für uns getan haben. – Und ich bin froh, dass ich Ihnen das noch persönlich sagen kann." Hierauf drückte mir der Sterbende nur stumm kräftig die Hand.

Es ist die letzte Möglichkeit, dem Sterbenden noch etwas zu sagen, was einem selbst auf der Seele brennt. Dies können letzte Dankesworte sein, aber auch die Bitte um Vergebung oder das Gewähren von Vergebung. Es können auch Worte des Mutes und der Hoffnung sein, auch wenn es nur ein „Wir werden uns wiedersehen" ist.

Auch wenn der Sterbende nicht mehr reagiert, macht es Sinn, dem Sterbenden diese Worte noch zu sagen. Kein Mensch vermag mit absoluter Sicherheit zu sagen, ab wann ein Sterbender nichts mehr hört. Ich habe es mir daher angewöhnt, dass ich Sterbende bis zu ihrem letzten Atemzug so anspreche, als würden sie mich noch immer hören und verstehen. Auch in diesem Zustand macht es daher Sinn, wichtige Worte dem Sterbenden noch zu sagen.

Wenn ein Sterbender nicht mehr ansprechbar ist, ist es für die Angehörigen oft schwer. Wenn sich das Sterben in diesem Zustand über Tage oder gar Wochen hinzieht, wird allen diese absolute Hilflosigkeit gegenüber dem Tod bewusst. Man weiß ganz genau, dass der Tod eintritt, aber man weiß nicht wann. Man würde diesen Prozess gerne aufhalten oder gar umkehren, aber man kann es nicht. Der Patient stirbt den Ärzten „unter den Händen" weg, wie es der Volksmund ausdrückt. Dies auszuhalten ist sehr schwer.

Herr H. lag vier Tage auf der Intensivstation. Trotz aller ärztlichen Bemühungen brach der Kreislauf dann zusammen. Die diensthabende Ärztin sagte der kinderlosen Ehefrau, dass ihr Mann in den nächsten Stunden sterben werde. Ich wurde hinzugerufen. Neben dem Bett sitzend fragte mich immer wieder Frau H.: „Muss er jetzt sterben?" Mit ruhiger Stimme antwortet ich ihr immer: „Ja, er muss sterben. Es lässt sich nicht verhindern." Nach einer guten Stunde war Herr H. tot. Nun lautete die Frage von Frau H. immer wieder: „Ist er jetzt tot?" Auch hier antwortete ich ihr immer wieder mit ruhiger Stimme: „Ja, er ist tot."

Der Tod: Wendepunkt der Begleitung

Der Eintritt des Todes ist der Augenblick, in dem die ganze Begleitung von Sterbenden und Angehörigen mit dem Fokus auf den Sterbenden überspringt in eine Begleitung der Hinterbliebenen.

Auch wenn der Tod für den Sterbenden erwartet oder gar herbeigesehnt wird, so schafft er eine besondere Situation. Niemand kann sich zuvor vorstellen, wie er dann reagieren wird, wie es ihm dann gehen wird.

Herr K. lag nach einer schweren Operation auf der Intensivstation. Nach Tagen der Besserung verschlechterten sich die Werte nur noch. Irgendwann mussten die Ärzte der Ehefrau sagen, dass ihr Mann in den nächsten Tagen sterben werde. Dieser Prozess ließ sich nicht mehr aufhalten. Frau K. sagte ganz aufgeregt: „Das halte ich nicht aus. Da werde ich durchdrehen." An den nächsten Tagen traf ich Frau K. bei ihren Besuchen. Immer wieder betonte sie, dass sie verrückt werden würde, wenn ihr Mann tot sei. An dem Tag, an dem Herr K. starb, war Frau K. mit ihren Kindern anwesend. Wir beteten noch ein letztes Mal für Herrn K., dann war er tot. Es folgte eine Stille. In diese Stille hinein sagte Frau K.: „Ich bin innerlich ganz ruhig. Ich verstehe es selbst nicht, aber ich bin ganz ruhig." Es kam für Frau K. ganz anders, als sie es befürchtet hatte.

Auch wenn der Tod seit Tagen oder Wochen erwartet oder gar herbeigesehnt wurde, ist mit Eintritt des Todes alles anders. Das Ende des Sterbenden, das man noch mit ungenauem Zeitpunkt vor sich hatte, ist nun eingetreten. Das Ende hat Gültigkeit erlangt, ist endgültig.

Mit Eintritt des Todes endet die Begleitung des Sterbenden. Die Begleitung der Hinterbliebenen bleibt aber weiterhin sinnvoll.

Begleitung bis zur Bestattung

Mit Eintritt des Todes verliert der Mensch nicht seine Würde. Dies betonen zahlreiche Bestattungsgesetze. Als Ausdruck der dem Leichnam eigenen Würde wird dieser bestattet und nicht nur einfach verscharrt.

Schwester Irmgard, eine frühere Mitarbeiterin in der Klinikseelsorge und selbst auch Krankenschwester, fand es ganz wichtig, dass die Patienten, die sie und ihre Mitschwestern beim Sterben begleitet haben, auch nach dem Tod in ihrer Würde bewahrt bleiben. Deshalb war es ihr ein besonderes Anliegen, gerade auch die jungen Pflegekräfte zu unterstützen und sie bei der Versorgung der verstorbenen Patienten mit einzubeziehen.
Durch behutsames Begleiten und einfühlsame Gespräche beim Umgang mit den Verstorbenen war es möglich, eine würdige pflegerische Versorgung zu gewährleisten. Wichtig war ihr auch ein gutes Abschiedsritual zu finden, sei es den Patienten nochmals wahrzunehmen als den Patienten, der er für sie war, oder ihn, evtl. auch zusammen mit seinen Angehörigen, bei einem gemeinsamen Gebet in Gottes Hände zu übergeben.

Für die Hinterbliebenen sind die Tage bis zur Bestattung meist sehr hektische Tage. Sie stehen zwar unter dem Schock des Todes – insbesondere wenn er plötzlich und völlig unerwartet eintrat –, aber sie haben die Beerdigung zu organisieren. Viele Fragen sind zu klären und Absprachen zu treffen. Es bleibt oft wenig Zeit für die Trauer.

In den Tagen nach dem Tod gehen die Kondolenzschreiben ein. Von allen Seiten wird die Anteilnahme ausgesprochen. Ist aber der

Verstorbene bestattet, so fragen nur noch wenige Menschen die Hinterbliebenen nach deren Befinden.

Begleitung bis zum Wiedersehen

Ist der Tote bestattet, kehren die meisten Menschen zum Alltag zurück. Für viele Hinterbliebene kommt jedoch gerade jetzt der Absturz in die Trauer. Verschiedene Gründe führen hierzu:

- Der Tote kann nicht mehr von Angesicht zu Angesicht gesehen werden.
- Die Aufgabe der Bestattung ist erledigt. Es kehrt nun Ruhe ins Leben ein.
- Das soziale Umfeld kehrt zum Alltag zurück.
- Langsam realisieren die Hinterbliebenen, dass der Tote nicht mehr zurück kommt. Es ist nicht nur ein langer Krankenhausaufenthalt oder eine lange Urlaubsreise, die Hinterbliebene und den Toten voneinander trennen. Der Tod trennt sie für immer.

Aus diesem Grunde ist es wichtig, die Begleitung der Hinterbliebenen nicht mit der Bestattung enden zu lassen, sondern auch darüber hinaus weiter fortzuführen.

Begleitende Riten für Angehörige

Riten und Gedenkanlässe der katholischen Kirche

Die katholische Kirche kennt seit alters verschiedene Riten, die die Hinterbliebenen in ihrer Trauer begleiten:

- *Sechs-Wochenamt:* Sechs Wochen nach dem Tod eines Gemeindemitgliedes wird für den Verstorbenen eine Messe gefeiert. Hierzu kommen alle Trauernden wieder zusammen.
- *Jahresmessen:* Zum Jahrestag des Todes wird jährlich wiederkehrend eine Messe für den Verstorbenen gefeiert. Auch hier kommen alle Trauernden wieder zusammen.

  Der Brauch der Jahresmessen reicht bis ins Urchristentum zurück. So ist von vielen Märtyrern aus der Zeit der Christenverfolgung zwar keine Jahreszahl bekannt, wann dieser Mensch starb. Der Todestag blieb aber über Jahrhunderte hinweg durch sein regelmäßiges Begehen im Bewusstsein.

Der Jahrestag ist für viele Hinterbliebene ein wichtiges Datum. Am Jahrestag lebt die Trauer mitunter so stark auf, als wäre der Tod soeben erst eingetreten. Einige Trauernde durchleben am Jahrestag den Tod des Verstorbenen wieder neu. Hier kann der Brauch der Jahresmesse tröstend wirken.

- *Allerheiligen / Allerseelen:* Die meisten Pfarreien besuchen an Allerheiligen oder Allerseelen gemeinschaftlich den Friedhof. Dort werden Gebete gesprochen und dann die Gräber besucht. Manchmal werden dort auch die Namen der Verstorbenen des Jahres aus dieser Pfarrgemeinde vorgelesen. Den Hinterbliebenen zeigt dies, dass die Verstorbenen im Bewusstsein der Gemeinde nicht vergessen sind. Gemeinschaftlich wird ihrer gedacht. Dies tröstet.
- *Totensonntag:* Mitte November wird am Totensonntag meist der Gefallenen der Kriege gedacht. Es ist dabei angebracht, an diesem Tag aller Todesopfer von Gewalt zu gedenken, nicht nur des Krieges. Werden doch diese Menschen völlig unerwartet und plötzlich aus dem Leben gerissen.

Zu den rein kirchlichen Gedenktagen kommen auch andere Gedenktage hinzu, die zuweilen von einigen Pfarrern übernommen wurden. Sie bieten diese für ihre ganze Gemeinde an. Hierzu gehören:

Worldwide Candle Lighting (WWCL)

Unter diesem Motto sind Menschen in aller Welt eingeladen, eine Kerze anzuzünden und sie ins Fenster zu stellen, um der verstorbenen Kinder zu gedenken, „damit ihr Licht immer strahlen wird". So kann in unserem Innern die Vorstellung von einem Lichterband rund um die Welt entstehen. Dieses Gedenken wird in Deutschland von den „Compassionate Friends", denen die Initiative REGENBOGEN „Glücklose Schwangerschaft" sowie die „Verwaisten Eltern" angehören, unterstützt.

Entstanden ist die Idee dazu bei den „Compassionate Friends" in den USA. Seit 1998 wird von dort aus an jedem 2. Sonntag im Dezember ein „Worldwide Candle Lighting" organisiert, das von Gedenkfeiern oder Gottesdiensten begleitet wird. Nähere Informationen zur Planung gibt es im Internet unter: www.compassionatefriends.com.

Daneben gibt es im Laufe eines Kirchenjahres noch zahlreiche Möglichkeiten zu gedenken. Einige der nachfolgenden Tage werden bereits praktiziert. Andere könnten eingeführt werden.

Trost-Weihnacht

Für Trauernde ist nachweislich Weihnachten das schwerste christliche Hochfest. Es gilt als „Fest der Familie". Die Familien kommen zusammen, oft über mehrere Generationen hinweg. Doch nach einem Todesfall fehlt ein Familienmitglied. Damit ist eine Lücke gerissen, die an Weihnachten besonders schmerzlich erlebt wird. Daher macht es Sinn, gerade an Weihnachten für Trauernde ein eigenes Angebot zu machen.

Auch wenn Weihnachten neben Ostern für die Pfarrer die arbeitsreichste Zeit des Jahres ist, macht es doch Sinn, eine Trost-Weihnacht anzubieten.

Silvester

Zahlreiche Pfarrer verlesen an Silvester die Namen aller im zu Ende gehenden Kalenderjahr verstorbenen Gemeindemitglieder. Für verwaiste Eltern ist es tröstend, wenn hierbei auch die ungetauft verstorbenen Kinder genannt werden.

Allein den Namen des Verstorbenen zu hören, ist für viele Hinterbliebene tröstend. Zeigt es doch, dass der Verstorbene auch von anderen Menschen nicht vergessen wurde. Eltern, deren Kind während der Schwangerschaft verstorben ist, zeigt die Nennung der Namen, dass ihr Kind als Mensch anerkannt wird. Auch dies wird als tröstend empfunden.

Begleitung der Hinterbliebenen im Alltag

Neben diesen Möglichkeiten, kirchlich und gesellschaftlich der Toten zu gedenken und die Hinterbliebenen durch ihre Zeit der Trauer zu begleiten, gibt es auch zahlreiche Möglichkeiten, um sie im Alltag zu begleiten. Jede Mitteilung, dass man selbst den Verstorbenen nicht vergessen hat, dass man an ihn gedacht hat, dass man in einer Kirche eine Kerze für ihn angezündet hat, ist ein Akt der Anteilnahme und der Begleitung. In jedem Gespräch mit den

Hinterbliebenen, in dem kurz der Verstorbene erwähnt wird, ist Begleitung. Jeder Jahrestag, an den gedacht und den Hinterbliebenen mitgeteilt wird, ist Begleitung.

Bis zum Tod des Verstorbenen besaß die Begleitung zwei Standbeine: den Sterbenden und die Angehörigen. Nach dem Tod des Sterbenden sind noch die Hinterbliebenen zu begleiten. Diese Begleitung sollte nicht mit dem Tod des Sterbenden oder seinem Begräbnis enden.

2.3 Zu vermeidende Fehler am Sterbebett

Versprechen am Sterbebett

Als folgenreiche Fehler können sich am Sterbebett abgegebene Versprechen entwickeln. Dabei spielt es keine Rolle, ob hierbei der Sterbende oder andere Familienangehörige die treibende Kraft sind.

Das Sterbebett ist kein Ort für Versprechen.

Versprechen besitzen einen sehr hohen moralischen Anspruch, auch wenn sie im privaten Rahmen gegeben werden. Sie zu erfüllen hat einen sehr hohen Stellenwert, um nicht zu sagen höchste Priorität.

Ein Versprechen nicht zu halten, gilt als verwerflich. In der hebräischen Sprache wird ein Vertrag nicht geschlossen, sondern „geschnitten". Dies kommt aus der Erzählung des Bundes Gottes mit Abraham:

> Nach diesen Ereignissen erging das Wort des Herrn in einer Vision an Abram: Fürchte dich nicht, Abram, ich bin dein Schild; dein Lohn wird sehr groß sein. Abram antwortete: Herr, mein Herr, was willst du mir schon geben? Ich gehe doch kinderlos dahin, und Erbe meines Hauses ist Eliëser aus Damaskus. Und Abram sagte: Du hast mir ja keine Nachkommen gegeben; also wird mich mein Haussklave beerben. Da erging das Wort des Herrn an ihn: Nicht er wird dich beerben, sondern dein leiblicher Sohn wird dein Erbe sein. Er führte ihn hinaus und sprach: Sieh doch zum Himmel hinauf, und zähl die Sterne, wenn du sie zählen kannst. Und er sprach zu ihm: So zahlreich werden deine Nachkom-

men sein. Abram glaubte dem Herrn, und der Herr rechnete es ihm als Gerechtigkeit an. Er sprach zu ihm: Ich bin der Herr, der dich aus Ur in Chaldäa herausgeführt hat, um dir dieses Land zu eigen zu geben. Da sagte Abram: Herr, mein Herr, woran soll ich erkennen, dass ich es zu eigen bekomme? Der Herr antwortete ihm: Hol mir ein dreijähriges Rind, eine dreijährige Ziege, einen dreijährigen Widder, eine Turteltaube und eine Haustaube! Abram brachte ihm alle diese Tiere, zerteilte sie und legte je eine Hälfte der andern gegenüber; die Vögel aber zerteilte er nicht. Da stießen Raubvögel auf die Fleischstücke herab, doch Abram verscheuchte sie. Bei Sonnenuntergang fiel auf Abram ein tiefer Schlaf; große, unheimliche Angst überfiel ihn. Gott sprach zu Abram: Du sollst wissen: Deine Nachkommen werden als Fremde in einem Land wohnen, das ihnen nicht gehört. Sie werden dort als Sklaven dienen, und man wird sie vierhundert Jahre lang hart behandeln. Aber auch über das Volk, dem sie als Sklaven dienen, werde ich Gericht halten, und nachher werden sie mit reicher Habe ausziehen. Du aber wirst in Frieden zu deinen Vätern heimgehen; in hohem Alter wirst du begraben werden. Erst die vierte Generation wird hierher zurückkehren; denn noch hat die Schuld der Amoriter nicht ihr volles Maß erreicht. Die Sonne war untergegangen, und es war dunkel geworden. Auf einmal waren ein rauchender Ofen und eine lodernde Fackel da; sie fuhren zwischen jenen Fleischstücken hindurch. An diesem Tag schloss der Herr mit Abram folgenden Bund: Deinen Nachkommen gebe ich dieses Land vom Grenzbach Ägyptens bis zum großen Strom Euphrat, (das Land) der Keniter, der Kenasiter, der Kadmoniter, der Hetiter, der Perisiter, der Rafaïter, der Amoriter, der Kanaaniter, der Girgaschiter, der Hiwiter und der Jebusiter. (Gen 15,1–21)

Das Teilen der Tiere hat folgende Bedeutung: Wenn einer der beiden Vertragspartner diesen Bund bricht, dann soll es ihm so ergehen wie diesen geschlachteten Tieren. Mit anderen Worten: Wer den Bund bricht, der soll sterben.

Auch wenn im christlichen Kulturkreis kaum jemand um die Bedeutung des „Schneidens" eines Bundes weiß, so wird ein Meineid als höchst verwerflich angesehen. Meineid wird in Deutschland mit Gefängnis bestraft.

Der geleistete Eid am Sterbebett hat moralisch einen sehr hohen Stellenwert. Auch wenn der Bruch dieses Eids nicht gerichtlich geahndet wird, so birgt er doch die Nähe zum Tod, und zwar nicht nur zum Tod des Verstorbenen, sondern – wenn auch nicht ausgesprochen – auch zum eigenen Tod. Es kann ein Gefühl aufkommen, dass man bei Vertragsbruch selbst sterben müsse.

Auch wenn dieses dramatische Gefühl ausbleibt, so bleibt auf jeden Fall die Schwere der Endgültigkeit. Wenn man erkennt, dass das gegebene Versprechen so nicht haltbar ist, kann man bei einem normalen Versprechen zur Gegenseite gehen und das ansprechen. Damit besteht die Möglichkeit, das Versprechen entsprechend abzuändern oder gänzlich aufzulösen. Dies ist bei einem Versprechen am Sterbebett nicht möglich. Hier ist der „Vertragspartner" tot. Damit ist das Versprechen unabänderlich. Daraus können schwere seelische Qualen, im schlimmsten Fall psychosomatische Erkrankungen entstehen.

Aus diesen Gründen sind am Sterbebett geleistete Versprechen als Null und nichtig anzusehen. Sie sind moralisch unzumutbar, da sie in einer besonderen Situation geleistet wurden. Der Mensch, der dieses Versprechen abgab, war hierbei selten frei. Meist wurde es ihm vom Sterbenden oder einem anderen Familienangehörigen aufgedrängt.

Ob so geschehen oder nur erfunden, schön ist folgende Geschichte auf jeden Fall:

> Ein junger Bauer lag im Sterben. Da sagte er zu seiner Frau: „Wenn ich gestorben bin, heiratest Du den Franz, unseren Knecht. Der ist ein tüchtiger Mann, der hält den Hof hoch und kann auch gut mit unseren Kindern umgehen." Da antwortete ihm seine Frau: „Jetzt stirbst Du erst mal, dann sehen wir weiter."

Nicht jeder Mensch besitzt ein solches Selbstbewusstsein und kann sich derart abgrenzen. Oft wird durch die besondere Situation einfach nachgegeben. Hinterher liegt einem das Versprechen, das (so) nicht gehalten werden kann, schwer auf der Seele. Dann hat man ein Problem.

Um dem vorzubeugen, sollte grundsätzlich von Versprechen am Sterbebett abgesehen werden.

Vor dem Sterben gegebene Versprechen

Zuweilen werden Versprechen vor dem eigentlichen Sterben gegeben, die über den Tod eines Menschen hinaus reichen. So wird z. B.

einem Elternteil versprochen, im Falle des Todes den anderen Elternteil zu pflegen. Dieses Versprechen wird oft auch gerne und mit voller Überzeugung gegeben.

Tritt der Fall ein, dass der überlebende Elternteil zu Hause gepflegt werden soll, so geht man es frohen Mutes und voller Elan an. Doch nach Monaten oder Jahren spürt man, dass man selbst am Ende der Kräfte ist. Man kann nicht mehr und kann auch das Versprechen nicht mehr halten.

Es gibt Menschen, die halten sich völlig unnötig bis zu ihrer eigenen physischen und psychischen Selbstzerstörung an ein solches Versprechen. Dies muss nicht sein! Diese Menschen sollten sich darüber im Klaren sein, dass dies nicht im Sinne dessen ist, dem sie das Versprechen gegeben haben. Die Tücke dieses Problems ist jedoch, dass niemand mehr mit dem Verstorbenen reden kann. Es kann somit das Versprechen nicht abgeändert oder gar aufgelöst werden.

Wer sich an ein so gegebenes Versprechen gebunden fühlt, frage sich, ob der gegenwärtige Zustand im Sinne des Verstorbenen ist. Sollte er es allein nicht schaffen, das gegebene Versprechen abzuändern oder gar aufzuheben, so kann er sich damit vertrauensvoll an einen Seelsorger wenden.

Der Griff nach oben

Viele Sterbende haben das Verlangen, nach dem dreieckigen Haltegriff über ihrem Pflegebett zu greifen und sich mit einer Hand oder beiden Händen daran fest zu halten. Sie halten sich daran fest, obwohl sie kaum mehr die Kraft dazu haben und obwohl sie immer wieder einschlafen.

Viele Angehörige meinen, dass sich Sterbende diese Anstrengung doch ersparen könnten und legen die Hand auf das Bett. Nach meist kurzer Zeit umklammert die Hand wieder das Dreieck. Die Sterbenden können es uns nicht mehr kommunizieren, warum sie das tun. Vielleicht wissen sie es selbst nicht so recht. Vielleicht ist es etwas, das tief in unserer Erinnerung schlummert: Als ungeborenes Kind umklammern wir die Nabelschnur. Vielleicht wollen wir am Ende unseres Lebens uns wieder ähnlich verhalten.

Was auch immer der Grund sein mag: Der Sterbende sollte nicht daran gehindert werden, sich an dem Dreieck über seinem Pflegebett festzuhalten. Für ihn scheint dies irgendwie wichtig zu sein. Für ihn scheint es eine Bedeutung zu haben. Gönnen wir es dem Sterbenden, auch wenn wir es noch nicht verstehen.

Umgang mit der eigenen Hilflosigkeit

Manche Angehörige wissen mit der Situation der Sterbebegleitung nicht so recht umzugehen. Sie fallen in eine Art von Lethargie und nehmen das Sterben sehr teilnahmslos wahr. Sie sind dabei oft nicht einmal in der Lage, dem Sterbenden die Hand zu halten.

Andere Angehörige werden hyperaktiv. Sie können dann nicht ruhig sein. Ständig müssen sie etwas tun. Sie schauen nach, ob die Infusionen noch laufen, ob die Decke auch richtig liegt, ob auch alle Angehörigen über den aktuellen Stand informiert sind, …

Manche Angehörige lesen dem Sterbenden bis zum letzten Atemzug etwas vor. Ich sehe dies als grenzwertig an. Es kann sich hierbei auch um versteckte Hilflosigkeit handeln, die sich hinter dem Vorlesen verbirgt. Wenn es ausdrücklicher Wunsch des Sterbenden war, ist es in Ordnung.

Ist der Sterbende religiös, so kann aus der Bibel vorgelesen werden oder ein langes, meditatives Gebet (z. B. der Rosenkranz) gebetet werden. War es dem Sterbenden vertraut, kann er sich davon getragen wissen. Aber auch hier ist Vorsicht geboten. Es sollte dem Wunsch des Sterbenden entsprechen.

Bei allem Tun am Sterbebett sollte man sich von der Frage leiten lassen: Warum tue ich dies? Wenn es dazu dient, die eigene Hilflosigkeit zu überspielen, sollte davon abgelassen werden. Wenn das eigene Handeln die Erfüllung der eigenen Wünsche ist, sollte davon ebenfalls abgelassen werden. Wenn das eigene Handeln die Erfüllung der Wünsche des Sterbenden ist, dann sollte man dabei weitermachen.

Um dies sicher zu stellen, haben Angehörige und Sterbebegleiter zunächst darauf zu hören und darauf zu achten, was der Sterbende jetzt will. Der aktuelle Wunsch muss nicht deckungsgleich mit dem Wunsch des vergangenen Tages oder der vergangenen Stunde sein.

Beim Sterbenden vollzieht sich mit dem Sterben die größte Wandlung seines Lebens. Alles wird anders, auch die Wünsche der Sterbenden. Daher ist es für Angehörige und Sterbebegleiter sehr wichtig, dass sie auf den aktuellen Wunsch des Sterbenden achten.

2.4 Fragen und Antworten

Sollen Kinder beim Sterben von Angehörigen dabei sein?

Als Eltern hat man die natürliche Bestrebung, Kindern Leid zu ersparen. Der Tod eines geliebten Menschen gehört zu den größten Leiderfahrungen, die wir machen können. Daher schließen viele Eltern ihre Kinder von der Anwesenheit beim Sterben, der Aufbahrung des Toten und der Bestattung bewusst aus. „Sie sollen Oma so in Erinnerung behalten, wie sie war", ist eine geläufige Begründung.

Die gesamte Fachliteratur wie auch die eigene Erfahrung zeigen jedoch, dass man den Kindern damit nichts Gutes tut. Den Trennungsschmerz des Todes erleben sie auch so. Davor vermag niemand zu schützen.

Werden Kinder jedoch mit in das Geschehen des Sterbens hineingenommen, dürfen Kinder sich auch von dem Toten verabschieden und können sie auch bei der Bestattung dabei sein, dann lernen sie, wie mit Sterben und Tod umgegangen wird. Sie lernen,
- was es heißt zu sterben, tot zu sein;
- wie das Leben aus dem Sterbenden geht und er erkaltet;
- dass der Tote nicht mehr der Mensch ist, der er war;
- dass es normal ist, um einen geliebten Menschen zu weinen;
- wie wir und unsere Gesellschaft mit Sterben und Tod umgehen.

In Film und Fernsehen haben wir keine Skrupel, die Kinder Sterben und Tod sehen zu lassen, oft in grausamer Weise. Wenn es jedoch um das Sterben eines Familienangehörigen geht, wollen wir die Kinder davor schützen. Dabei ist es gerade hier so wichtig, dass Kinder mit eingebunden werden.

Als Grundregel gilt: Kinder sollen weder von der Teilnahme an Sterben und Tod ausgeschlossen werden, noch sollen sie dazu gezwungen werden. Dies gilt für Kinder jeden Alters.

Kann man erkennen, dass Sterbende Schmerzen haben?

Vielen Angehörigen ist es sehr wichtig zu wissen, dass der Sterbende keine Schmerzen hat, bietet doch die heutige Schmerztherapie ein Sterben ohne Schmerzen an. Die Frage ist jedoch, ob diese Möglichkeiten auch ausgeschöpft werden.

Angehörige können auch selbst erkennen, ob der Sterbende schmerzfrei ist: Liegt der Sterbende locker und entspannt da, atmet er ruhig und gleichmäßig, so hat er keine Schmerzen.

Wer Schmerzen hat, krampft. Es sind jedoch nicht nur Schmerzen, die Krämpfe auslösen. Es gibt auch Erkrankungen, die Krämpfe nach sich ziehen. Hier gilt es zu unterscheiden, ob die Verkrampfungen von möglichen Schmerzen kommen oder von einer Erkrankung. Diese Unterscheidung kann jedoch nur Fachpersonal vornehmen.

Für Laien bleibt die sichere Aussage: Wer ruhig und entspannt daliegt, hat keine Schmerzen.

Angehörige und Begleiter müssen sich jedoch darüber im Klaren sein, dass die Verabreichung von Schmerzmitteln auch ihren Preis hat: Der Sterbende wird dadurch müde. Muss Morphin in hohen Dosen verabreicht werden, damit der Sterbende schmerzfrei ist, so schläft der Sterbende nur noch und ist nicht mehr oder nur zwischendurch immer wieder einmal nur für wenige Sekunden ansprechbar. Für das Ziel der Schmerzfreiheit des Sterbenden sollte dies hingenommen werden.

Wie lange kann man den Sterbenden noch etwas sagen?

Diese Frage drängt sich immer wieder auf, da es den Angehörigen wichtig ist, sich für all die empfangene Liebe und Zuwendung zu bedanken, wiederholt zu sagen, wie lieb man den Sterbenden hat, oder auch um Verzeihung zu bitten bzw. Vergebung zu gewähren. Oft kommt erst in der Sterbestunde die Bereitschaft, sich zu versöhnen.

Aus der Medizin weiß man, dass das Gehör und der Tastsinn unsere beiden letzten Sinne sind, die uns als Sterbende bleiben. Das Sehen erfordert mehr Gehirnleistung als das Hören. Daher haben auch viele Sterbende in den letzten Minuten und Stunden ihres Lebens die Augen geschlossen.

Es spricht daher nichts dagegen, aber alles dafür, dass den Sterbenden bis in den Augenblick des Sterbens hinein das gesagt wird, was einem noch wichtig ist. Vielleicht nimmt er diese Worte mit auf seine Reise in das Jenseits, wird von ihnen gleichsam getragen.

Warum stirbt er/sie gerade in diesen Minuten?

Die Situation ist immer wieder die gleiche: Da will man als Angehöriger den Sterbenden nicht alleine lassen. Besonders bei seinem letzten Atemzug will man beim Sterbenden sein. Wenn sich das Sterben über Tage und Wochen hinzieht und man jeden Augenblick mit dem Tod des Angehörigen rechnen muss, wird auch von den Angehörigen eine Anwesenheit rund um die Uhr vereinbart. Dann geht der Angehörige mal kurz auf die Toilette, oder er trinkt mal schnell eine Tasse Kaffee oder raucht eine Zigarette. Bei der Rückkehr ins Krankenzimmer ist der Sterbende tot.

Zuvor gab es keinerlei Anzeichen dafür, dass er in den nächsten Minuten sterben würde. Alles war so „normal" wie zuvor. Dennoch machen sich viele Hinterbliebene in solchen Situationen Selbstvorwürfe: „Konnte ich es denn nicht erkennen, dass er stirbt?" „Warum musste ich denn ausgerechnet in diesen Minuten raus?" „Konnte er denn nicht mit dem Sterben bis zu meiner Rückkehr warten?"

Viele Hinterbliebene fühlen sich in diesen Situationen schuldig. Sie waren in den letzten Augenblicken des Lebens nicht an der Seite des Sterbenden. Sie sehen sich als Wortbrüchige, weil sie ihr selbst gestecktes Ziel nicht erreicht haben. Sie haben hierbei aber nur sich und ihr eigenes Bedürfnis im Blick. Dabei gibt es auch ein Bedürfnis des Sterbenden.

Ich las einmal von einem im Sterben liegenden Landwirt, der noch seine Verwandten, Freunde und Nachbarn kommen ließ. Er verabschiedete sich von allen. Als die anderen gegangen waren und nur noch die Familienmitglieder im Zimmer waren, sagte der Bauer: „Nun geht auch ihr bitte, denn ich habe jetzt eine wichtige Verabredung." Er wollte alleine sterben.

Vieles deutet darauf hin, dass einige Menschen beim Sterben gerne allein sein wollen. Wir können nur über die Gründe spekulieren, da keiner von den Verstorbenen uns den Grund nennen kann. Naheliegende Gründe könnten sein:

- Der Sterbende wollte ganz bewusst sterben und sich hierbei von nichts ablenken lassen.
- Der Sterbende wollte seine Angehörigen schonen.
- Der Sterbende tat sich schwer zu sterben, so lange er nicht alleine war.
- Sterben ist eine sehr persönliche, intime Angelegenheit, für manche Menschen vielleicht zu intim, um jemanden mit dabei haben zu wollen.

Da es so auffallend ist, dass der Sterbende in den wenigen Minuten der Abwesenheit verstorben ist, und dies immer wieder vorkommt, drängt sich der Eindruck auf, dass es hierfür einen Grund gibt.

Als Fazit bleibt auf jeden Fall: Hinterbliebene, denen dies passiert ist, brauchen sich kein schlechtes Gewissen zu machen. Sie haben keine Schuld auf sich geladen. Sie haben mit ihrer kurzen Abwesenheit allem Anschein nach dem Sterbenden beim Sterben geholfen.

Sind Leichen giftig?

Eine häufig gestellte Frage ist: Sind Leichen giftig? Diese Frage wird durch den Begriff „Leichengift" genährt.

Ein Verstorbener ist die ersten 24 Stunden nach Eintritt seines Todes nicht giftiger als zuvor. Wenn Sie also den Angehörigen noch vor dem Tod küssten, so können sie ihn auch Stunden nach dem Tod noch küssen.

Das eigentliche Leichengift bildet sich als Produkt der Eiweißzersetzung, die zumeist im Körper abläuft. Seine Konzentration ist jedoch so schwach, dass sie nicht tödlich ist.

Tödlich können hingegen die Krankheitserreger sein, die der Tote bereits vor seinem Tod an bzw. in sich hatte. Ignaz Semmelweis (1818–1865) brachte den Begriff „Leichengift" auf, als er erkannte, dass die Sterblichkeit der von Ärzten behandelten Wöchnerinnen bei rund 30 % lag, bei den von Hebammen betreuten hingegen nur bei 5–15 %. Da nur Ärzte Leichen zu untersuchen hatten und die Hygiene noch in den Kinderschuhen steckte, brachten die Ärzte mit ihren ungewaschenen Händen, von der Sektion der Toten zu den Wöchnerinnen kommend, auch todbringende Krankheiten zu den Wöchnerinnen. Semmelweis konnte durch striktes Einhalten seiner Hygienevorschriften die Sterblichkeitsrate der Wöchnerinnen auf unter 1 % senken. Daher gilt Ignaz Semmelweis als „Retter der Mütter".

Heute kennt kaum noch jemand seinen Namen, geschweige seine lebensrettenden Arbeiten. Geblieben ist hingegen der Begriff „Leichengift", der hier völlig deplatziert ist.

Was ist nach dem Tod eines Angehörigen zu tun?

Wer sich nach dem Tod eines Angehörigen noch nie um alles Weitere zu kümmern hatte, steht vor einem Berg von Fragen. Die große Frage aber lautet: Was muss ich jetzt tun?

Bestatter beauftragen

Zunächst haben Sie als Angehörige einen Bestatter Ihrer Wahl mit der Bestattung zu beauftragen. Der Bestatter nimmt Ihnen viele Aufgaben ab:

- *Bestattung terminieren:* Die zeitlich erste Aufgabe des Bestatters ist, zusammen mit Ihnen und in Absprache mit dem Friedhof sowie dem Seelsorger die Bestattung zu terminieren.
- *Leichnam einsargen:* Sowie der Leichnam zur Bestattung freigegeben ist, kann ihn der Bestatter zu sich holen und einsargen. Hierzu sollten Sie ihm die von Ihnen gewünschte Bekleidung für den Verstorbenen zur Verfügung stellen.
- *Sterbeurkunde besorgen:* Den Totenschein des Arztes bringt der Bestatter zum Standesamt und bringt Ihnen die Sterbeurkunden von dort mit. Diese brauchen Sie für alle weiteren amtlichen Vorgänge, nicht nur für das Testament.
- *Bestattung durchführen:* Der Bestatter führt die Bestattung durch, d. h. er führt Regie. Er ist für Friedhofsangestellte wie auch den

Seelsorger der Ansprechpartner für die Durchführung der Bestattung.
- *Begleitung der Trauernden:* Über den gesamten Zeitraum von der Auftragserteilung bis zur Bestattung begleitet der Bestatter die Hinterbliebenen in ihrer Trauer. Dies erfolgt in unterschiedlicher Ausprägung und Intensität.

Auswahl der Bestattungsform

Im Allgemeinen wird zwischen zwei Bestattungsformen unterschieden:
- *Erdbestattung:* Die Erdbestattung ist die herkömmliche Form der Bestattung: Der Sarg mit dem Leichnam wird auf einem Friedhof in einem Grab beigesetzt.
- *Feuerbestattung:* Bei der Feuerbestattung wird der Sarg mit dem Leichnam im Krematorium verbrannt und die Asche in eine Urne gefüllt. Diese Urne wird in einem Urnengrab oder Kolumbarium beigesetzt.

Sie haben in beiden Fällen der Bestattung die Wahl des Sarges, der verwendet werden soll. Bei der Feuerbestattung haben Sie noch die Wahl der Urne.

Daneben gibt es noch andere Formen der Bestattung, die in Deutschland zulässig sind. Die bekannteste von ihnen ist die Seebestattung. Diesen anderen Formen der Bestattung ist gemeinsam, dass sie z. T. erheblich teurer sind als die Erd- bzw. Feuerbestattung.

Meldung des Todesfalls an Versicherungen

Dabei ist nicht nur an die Rentenversicherung (bei Rentnern), sondern bei entsprechendem Vertrag auch an Lebensversicherungen zu denken. Mitunter gibt es eine Klausel, dass die Versicherung nicht zahlen muss, wenn der Tod nicht binnen einer gesetzten Frist gemeldet ist.

Alle weiteren Tätigkeiten haben Zeit, so auch die Testamentseröffnung.

3. *Das eigene Sterben*

3.1 Überlegungen zum eigenen Sterben

Niemand von uns kann sagen, wann und wie er sterben wird. Einzig die Tatsache, dass wir sterben werden, ist sicher. Dennoch ist es sinnvoll, sich über sein eigenes Sterben Gedanken zu machen.

Es ist schwer, dem eigenen Sterben auf die Spur zu kommen. Bei allen Bemühungen scheitert man daran, dass man nur einmal stirbt und dass Tote nichts über ihr Sterben berichten können.

Wer lebt, hat das eigene Sterben noch vor sich.
Wer tot ist, hat es hinter sich,
aber er kann dem Lebenden nichts davon erzählen.

Grundsätzliche Fragen

Wie auch immer sich der eigene Tod ereignet, einige Fragen stellen sich immer:

Wie gehe ich mit meiner eigenen Sterblichkeit um?
Verdränge ich das Thema? Verschiebe ich es auf später – auf den Sankt-Nimmerleins-Tag? Mache ich mir nur Gedanken darüber? Nehme ich mir vor, die Patientenvorsorge einmal anzugehen, schreite aber nicht zur Tat? Bringe ich meine Wünsche zu Papier, aber belaste niemanden damit? Oder gehe ich mit meinen Angehörigen bereits jetzt ganz offen mit dem Thema um und zeige ihnen, wo die entsprechenden Papiere liegen? Man kann auch so mit dem Thema umgehen, wie mir mein Vater erzählte, was sich zu seiner Jugendzeit im Dorf abgespielt hatte:

Im Dorf lebten drei alte Herren. Der Jüngste von ihnen war sehr gesellig und sagte stolz zum Thema Sterben: „Wenn kein Betrug ist, dann kommen noch zwei vor mir dran.“ Als einer der beiden starb, sagte er noch immer stolz: „Wenn kein Betrug ist, kommt noch einer vor mir

> dran.“ Als dieser eine dann auch starb, musste er sich von den Leuten anhören: „Wenn kein Betrug ist, dann bist Du der Nächste.“ Das wollte er aber nicht hören und antwortete: „Jetzt ist aber Schluss mit dieser Sterberei!“

Eine Alternative zum Umgang mit dem eigenen Sterben bieten die beiden folgenden Beispiele:

> Als der Schriftsteller Bernard de Fontenelle (1657–1757) im Sterben lag, tröstete er sich damit: „Es ist Zeit, dass ich gehe; ich begann schon die Dinge so zu sehen, wie sie wirklich sind.“ (BNN 16.10.10)
>
> Als Jean-Louis Forain (1852–1931) auf dem Sterbebett lag, wollte der Arzt ihm Mut zusprechen: „Der Puls ist gut, das Herz ist ausgezeichnet, die Lungen arbeiten tadellos, das Fieber sinkt …“ – „Mit einem Wort“, meinte Forain, „ich werde bei bester Gesundheit sterben.“ (BNN 22.3.08)

Habe ich Vorsorge getroffen?

Habe ich all das schriftlich verfasst, was mir im Falle meines Sterbens wichtig ist? – Testament, Patientenverfügung und Vorsorgevollmacht, sonstige Verfügungen (z. B. für Alleinerziehende), Organspendeausweis, Gestaltung meiner Beerdigung. (Siehe: Kapitel 1.4)

Die alleinige Absicht reicht nicht aus. Dies alles muss in schriftlicher Form unterschrieben vorliegen und die Angehörigen müssen wissen, wo diese Papiere sind, damit sie diese im „Ernstfall“ auch gleich parat haben.

Habe ich mit meinen Angehörigen über den Fall meines Todes gesprochen?

Ein reines schriftliches Niederschreiben ist zwar wichtig und hilfreich, aber gerade beim Thema Patientenverfügung ist es wichtig, mit den Angehörigen und/oder den Bevollmächtigten darüber zu reden, damit sie über grundsätzliche Haltungen informiert sind und sich im „Ernstfall“ auch dafür einsetzen können.

Diese grundsätzlichen Fragen gelten auch, wenn der Tod plötzlich kommt.

Wenn sich das Sterben hinzieht

Sterben kann sich nicht nur über Stunden und Tage, sondern auch über Monate und Jahre hinziehen. Dies geschieht dann meist über den Weg des Siechtums (altersbedingt) oder einer Krankheit (unabhängig vom Alter).

„Siechtum" ist inzwischen ein Fremdwort geworden. „Siechenhäuser" gibt es nur noch in den Geschichtsbüchern. Trotzdem gibt es aber immer noch das Sterben durch Siechtum. Es erfolgt in Pflegeheimen, aber auch zu Hause.

Sterben ereignet sich oft über Krankheit. Es gibt tödliche Krankheiten mit sehr unterschiedlichem Verlauf:

- Krankheiten, die innerhalb von Wochen nach Diagnosestellung zum Tod führen;
- Krankheiten, die kontinuierlich voranschreiten;
- Krankheiten, die in einem Auf und Ab verlaufen;
- Krankheiten, die als ausgeheilt gelten, dann aber plötzlich wieder auftreten und zum Tod führen.

Es sind hier bewusst keine Krankheiten namentlich genannt, weil auch die konkrete Krankheit – z. B. Krebs – verschiedene dieser Krankheitsverläufe annehmen kann. Es kann hier nichts verallgemeinert werden. Immer ist der konkrete Mensch mit seiner besonderen Situation zu betrachten.

Solange man als Sterbender noch voll geschäftsfähig ist, kann man seinen Willen selbst mitteilen. Doch wenn die Krankheit das Denkvermögen und die Entscheidungsfähigkeit beeinträchtigt, dann sieht der Ernstfall anders aus, dann stellen sich ganz neue Fragen:

Was will ich im Krankheitsfall, wenn ich meine Dinge nicht mehr regeln kann?

Es gibt Krankheiten – z. B. Demenz –, die machen den Kranken schnell geschäftsunfähig. D. h. er kann seine eigenen Angelegenheiten nicht mehr regeln, nicht mehr für sich entscheiden.

Sterben und Tod können jedoch noch viele Jahre in der Zukunft liegen. Wer soll dann für mich entscheiden? Wie soll er dann entscheiden? Was soll für ihn zur Entscheidungsfindung richtungsweisend sein – gute Lebensqualität (wohlfühlen) bei kurzem Leben oder eher langes Leben, auch bei geminderter Lebensqualität? Was ist für Sie Lebensqualität?

Gibt es einen Menschen, dem ich absolut vertraue?

Einige wenige Krankheiten nehmen Einfluss auf das Gehirn. Der Patient wird verwirrt und orientierungslos.

Manche Menschen reagieren auf bestimmte benötigte Medikamente mit Wahnvorstellungen. Sie können nicht mehr zwischen Wahn und Wirklichkeit unterscheiden. Sie meinen, die Ärzte wollten ihnen nicht helfen, sondern sie umbringen. Die ganze Welt habe sich gegen sie verschworen.

Gibt es einen Menschen, dem Sie in solch einer Situation absolut vertrauen würden, damit er Ihnen klar machen kann, dass alles in Ordnung ist?

Wie gehe ich damit um, dass ich immer mehr Fähigkeiten verliere?

In einem langsamen Prozess des Sterbens, der sich über Monate und Jahre hinzieht, vermögen die Sterbenden immer weniger. Selbstverständliches wird zunächst zur Schwerstarbeit und schließlich unmöglich. Folgende Einschränkungen kommen immer wieder vor:

Gehen wird beschwerlich. Irgendwann brauche ich eine Gehilfe (Stock oder Rollator). Später benötige ich einen Rollstuhl. Schließlich kann ich nur noch im Bett liegen.

Sehen wird immer schwieriger. Irgendwann reichen die Brillen nicht mehr aus und man kann nur noch zwischen hell und dunkel unterscheiden. Schließlich ist für einen immer Nacht.

Hören wird immer schwieriger. Irgendwann helfen auch Hörgeräte nicht mehr. Schließlich ist man taub. Sprache und Musik gehören der Vergangenheit an.

Essen und Trinken ist nicht nur Lebenserhaltung, sondern kann auch Genuss sein. Doch Appetit und Durst schwinden. Schließlich wird Essen und Trinken eine Qual.

Gelebte Sexualität ist für viele Menschen sehr wichtig. Doch es wird immer schwieriger, diese zu leben. Irgendwann ist es unmöglich, Sexualität zu leben.

Glaube und Gebet sind vielen Menschen wichtig. Die meisten dieser Menschen beten, viele täglich. Sie gehen regelmäßig in die Kirche zum Gottesdienst. Doch irgendwann können sie nicht mehr aus dem Haus. Irgendwann bringen sie auch kein Gebet mehr zustande.

Bei all diesen möglichen Einschränkungen ist es wichtig, sich rechtzeitig darauf einzustellen und sich zu fragen, wie man ggf. damit zurecht kommen will.

Warum sterben wir?

Diese Frage beschäftigte die Menschen aller Zeiten. Eine Auswahl an Antworten, die in der Geschichte gegeben wurden, kann die eigene Haltung klären helfen:

… weil die Menschen im Paradies gesündigt haben.
Im Alten Testament steht, dass der Tod in die Welt kam, weil Adam und Eva – die ersten Menschen – vom verbotenen Baum gegessen haben (Gen 3). Tod ist somit der „Lohn der Sünde" (Röm 6,23). Dies wird mehrmals in der Bibel unterstrichen, insbesondere in den Paulusbriefen. Aber:

- Warum sterben auch unschuldige Kinder auf natürliche Weise?
- Warum straft Gott nicht erst die wirklich bösen Menschen mit dem Tod, bevor er die Guten sterben lässt?

Die Erzählung vom Sündenfall ist eindeutig den Mythen zuzuschreiben. Ähnliche Aussagen kennt das antike Griechenland mit dem Mythos der Büchse der Pandora: Zeus schenkte Pandora (griech. Allgeberin), der ersten Frau, Epimetheus (Bruder des Prometheus). Sie bekam von Zeus eine Büchse, die sie nicht öffnen sollte. Pandora und Epimetheus öffneten dennoch die Büchse, und alle darin enthaltenen Plagen kamen in die Welt. Damit war das Goldene Zeitalter, in dem die Menschheit von Arbeit, Krankheit und Tod verschont blieb, vorbei.

… weil Gott den Zeitpunkt so festgelegt hat.
Einige glauben, dass wir Menschen sterben, weil Gott schon festgelegt habe, wann wir sterben. Aber:

- Warum bestrafen wir dann Mörder? – Nach der obigen Aussage würde jeder Mörder mit seinem Mord nur den Willen Gottes erfüllen. Damit wäre jeder Mörder Erfüllungsgehilfe für Gottes Plan.
- Warum gehen Menschen dann zum Arzt und wollen geheilt werden, wollen u. U. reanimiert werden? Wäre die Reanimation nicht der Versuch, Gottes Plan zu vereiteln?

... weil alles Natürliche stirbt.
Die Vorstellung, dass wir nicht sterben, widerspricht allem Natürlichen. Alles in der Natur stirbt, es ist immer nur eine Frage der Zeit.

Pflanzen sterben innerhalb von Monaten (z. B. einjährige Pflanzen) und Jahrtausenden (z. B. Mammutbaum).

Tiere sterben innerhalb von Tagen (z. B. Eintagsfliegen) und Jahrhunderten (Schildkröten).

Sonnen sterben innerhalb von Milliarden von Jahren.

Unser Universum stirbt in 10^{65} bis 10^{10000} Jahren.

Sterben ist etwas ganz Natürliches. Warum wollen wir Menschen eine Ausnahme machen?

Es ließen sich sicherlich noch weitere Gründe finden, warum wir sterben müssen. Bei allen Antwortversuchen bleibt immer das Faktum bestehen, *dass* wir alle sterben müssen. Mit dieser Endlichkeit unseres Lebens gilt es zu leben, gilt es gut zu leben und gut zu sterben.

Habe ich mich richtig entschieden?

Für Krankheiten gibt es verschiedene Umgangsformen. Grundsätzlich kann man versuchen, sie zu therapieren, oder man kann „der Natur ihren Lauf lassen". Manchmal gibt es auch innerhalb der Therapie verschiedene Wege. So kann z. B. bei einem diagnostizierten Krebsgeschwür dieses operiert oder bestahlt werden. Man kann es auch mit Chemotherapie angehen. Daneben gibt es auch die Kombination von Bestrahlung bei gleichzeitiger Chemotherapie. Manchmal wird auch erst eine Chemotherapie durchgeführt, um das Krebsgeschwür schrumpfen zu lassen. Damit kann es leichter operativ entfernt werden. Anschließend wird vorsorglich noch eine

Chemotherapie und/oder eine Bestrahlung verabreicht. Dies macht deutlich, wie vielfältig die Möglichkeiten der Therapie einer Krankheit sind.

Wenn die Behandlung erfolgreich war, sind alle glücklich, der Patient wie auch der behandelnde Arzt. Wenn das Ergebnis nicht ganz so ausgefallen ist, wie man es sich erhofft hatte, kommt die Frage auf, ob man sich richtig entschieden hat. „Hätte ich nicht besser die Behandlung bleiben lassen sollen?“, „Hätte ich nicht eine andere Reihenfolge nehmen sollen?“, „Hätte ich nicht zu einem anderen Arzt gehen sollen?“ Solche Fragen verunsichern. Aber wer kann wissen, ob eine andere Entscheidung zu einem besseren Ergebnis geführt hätte?

Das Leben ist eine Einbahnstraße.
Wir können keinen Schritt zurücknehmen.
Wir können aber jeden Augenblick neu die weitere Richtung unseres Lebens bestimmen.

Besonders Krebspatienten – aber nicht nur diese – fragen sich rückblickend, ob sie zu Beginn der Therapie die richtige Entscheidung gefällt haben. Niemand vermag dies zu sagen. Je nach der gefällten Entscheidung kann man sich jedoch an diese Antworten halten:

- *Alle medizinischen Hilfen wurden angenommen.*
  Man kann sich sagen, dass man keine Möglichkeit der ärztlichen Heilkunst ausgelassen hat, sich helfen zu lassen. Nichts blieb unversucht. Die Krankheit war nicht aufzuhalten.
- *Es wurde bisher kaum ärztliche Hilfe in Anspruch genommen.*
  Man hatte versucht, so lange wie möglich ein normales Leben ohne Ärzte und Krankheiten zu leben. Als dies nicht mehr möglich war, begab man sich in die Obhut der Ärzte. Die konnten aber den Zustand nicht ändern und den Prozess nicht aufhalten.
- *Vermeintliche Fehlentscheidung*
  Man hat zwar das (sichere) Gefühl, dass man sich falsch entschieden hat, aber könnte dies nicht dennoch die bestmögliche Ent-

scheidung gewesen sein? Wenn es definitiv eine falsche Entscheidung war, so wusste man es zuvor nicht besser. Es kann jedoch auch sein, dass jede andere Entscheidung für einen noch schwerer zu ertragen gewesen wäre. Möglicherweise war die getroffene Entscheidung doch die beste Entscheidung, die man in der Situation überhaupt hat fällen können.

Es gibt somit triftige Gründe, um sich von solchen nagenden und aufreibenden Fragen zu lösen. Man ist diesen nicht hilflos ausgeliefert.

Werde ich Schmerzen haben?

„Vor dem Sterben habe ich keine Angst, aber vor dem Wie!", so formulieren es viele sterbenskranke Menschen. Sie haben es für sich angenommen, dass ihr irdisches Leben endlich ist. Dagegen begehren sie nicht (mehr) auf. Ihre Sorge ist, wie sie sterben werden. Meist haben sie Angst vor Schmerzen.

Die heutige Medizin kann Sterbenden alle Schmerzen nehmen. Es hat zwar den Preis, dass Sterbende dadurch müde werden, dass sie im schlimmsten Fall nur noch schlafen und – wie der Volksmund so gerne sagt – friedlich einschlafen. Sie müssen aber keine Schmerzen haben.

Ein großer Anteil der sterbenskranken Menschen, die sich das Leben nehmen, dürften sich vor allem vor drohenden Schmerzen gefürchtet haben. Wenn sie gewusst hätten, wie grundlos ihre Sorgen waren, hätten sie diesen Schritt des Suizids nicht zu machen brauchen.

Werde ich ersticken?

Ähnlich ist es mit den Patienten, die Lungenkrebs oder sonst eine lebensbedrohliche Lungenerkrankung haben, die man nicht mehr heilen kann. Sie haben Angst vor dem Ersticken. Doch auch ihre Ängste sind unbegründet:

Es gibt einige Opiate, die man Sterbenden gegen ihre Schmerzen gab und bei denen man eine interessante Nebenwirkung feststellte.

So wie diese Opiate das Schmerzempfinden ausschalten, so schalten sie auch das Empfinden des Erstickens aus. Der Sterbende ist somit nicht nur schmerzfrei, sondern darüber hinaus auch frei von dem Gefühl zu ersticken.

Bei Sterbenden, die wegen ihrer Lungenerkrankung sterben, verabreicht man diese Opiate nicht gegen Schmerzen, sondern gegen die Atemnot. Damit hat der Sterbende nicht das Empfinden, dass er Atemnot hat oder dass er erstickt. Diese Opiate blenden diese Signale im Kopf völlig aus. Dadurch atmet der Sterbende ruhig und gleichmäßig weiter. Er verkrampft sich nicht, er atmet effektiver, was ihm und seinem Zustand wieder zugute kommt. Es kann sogar sein, dass der Sterbende durch seine gleichmäßige und damit effektivere Atmung länger lebt.

3.2 Tod – und was dann?

Wenn für Sie absolut feststeht, dass mit dem Tod alles aus ist, können Sie dieses ganze Kapitel getrost überblättern. Sollten Sie jedoch Zweifel daran haben, ob mit dem Tod alles aus ist, so lesen Sie hier weiter!

Grundhaltungen

Es gibt zwei grundsätzliche Haltungen zum Tod: Entweder ich glaube an ein Weiterleben nach dem Tod, oder ich glaube nicht daran. Von dieser Antwort hängt alles weitere ab.

Ich glaube nicht an ein Weiterleben nach dem Tod
Glaube ich nicht an ein Weiterleben nach dem Tod, so sterbe ich trostlos, denn mein Leben ist zu Ende und ich gehöre der Vergangenheit an und irgendwann der Vergessenheit. Irre ich mich, so werde ich es erst nach meinem Tod erfahren. Dann bin ich aber bereits mit der Hoffnungslosigkeit gestorben.

Ich glaube an ein Weiterleben nach dem Tod

Glaube ich an ein Weiterleben nach dem Tod, so habe ich einen dreifachen Grund zur Freude:

1. Ich freue mich auf das Wiedersehen mit den lieben Menschen, die vor mir gestorben sind.
2. Ich freue mich auf das Wiedersehen mit den lieben Menschen, die ich bei meinem Tod in dieser Welt zurücklasse. Sie alle kommen irgendwann nach.
3. Ich freue mich auf das persönliche Kennenlernen Gottes und die Antwort auf so manche Fragen, einschließlich der Frage „Warum?"

Irre ich mich mit diesem Glauben an das Weiterleben nach dem Tod, so werde ich es nie erfahren. Ich bin jedoch in dieser freudigeren Haltung gestorben.

Bei der ersten Annahme bin ich auf jeden Fall der Verlierer, denn – gleichgültig, was nach dem Tod kommt – ich bin hoffnungslos gestorben. Bei der zweiten Annahme bin ich auf jeden Fall der Gewinner, denn – gleichgültig, was nach dem Tode kommt – ich bin mit dieser dreifachen Vorfreude gestorben.

Allein schon solche schlichten Überlegungen sollten dazu führen, dass alle Menschen hoffnungsvoll und ohne Angst sterben. Es liegt an jedem Einzelnen, ob er bereit ist, dieses Angebot der Grundüberlegung anzunehmen.

Kritik am Auferstehungsglauben

Die Kritik am Auferstehungsglauben fußt im Wesentlichen auf zwei Aussagen: „Es gibt keinen Gott" und „Es kam noch nie jemand zurück und hat davon berichtet." Beiden Argumenten soll kurz nachgegangen werden.

Es gibt keinen Gott.

Niemand vermag im naturwissenschaftlichen Sinne Gott zu beweisen oder zu widerlegen. Mit dieser Patt-Situation müssen beide Seiten auskommen.

Im naturwissenschaftlichen Sinn kommt es auf das Mittel der Beweisführung an. Eine Hausfrau misst die Menge Mehl für den Kuchen nicht mit dem Maßband. Der Tischler misst die Größe des Möbelstücks nicht mit der Uhr. Mit welchem Messinstrument wollen wir Gott beweisen bzw. widerlegen? Die Tatsache, dass sich Gott unserer Messbarkeit entzieht, bedeutet nicht, dass es ihn nicht gibt.

Es gibt vieles, das wir nicht messen können, das es aber dennoch gibt: unsere gesamte Gefühlswelt von Liebe und Hass, Zuneigung und Ablehnung, unsere Hoffnungen und unsere Ängste, unsere Träume und unsere Erinnerungen. Es gibt sie alle, auch wenn wir sie nicht greifen können.

Es kam noch nie jemand zurück und hat davon berichtet.

Es stimmt, es kam noch nie jemand zurück und hat davon berichtet, was nach dem Tod kommt. Keiner der erfolgreich reanimierten Menschen war wirklich tot. Daher werden ihre Erfahrungen von den Kritikern nicht als Hinweis auf ein Weiterleben nach dem Tod akzeptiert.

Doch was beweist das schon, wenn noch niemand zurückgekommen ist? Kann es nicht auch daran liegen, dass der Verstorbene Gründe hat, nicht zurückzuwollen? Wenn er zurückkommen könnte, was wollte er uns denn über das Schöne berichten? Er hätte dafür wohl nicht die richtigen Worte. Er hätte ähnliche Probleme, als wenn wir einem Blinden Farben zu erklären versuchten, oder einem Tauben Musik. Es fehlen die Worte der gemeinsamen Erfahrung. Außerdem wissen die Verstorbenen, dass wir alle dereinst nachkommen werden und diese Erfahrung selbst machen dürfen.

Dieser Kritik am Auferstehungsglauben kann jedoch entgegengehalten werden:

- Sterbende sehen Personen, die wir nicht sehen können.
- Reanimierte Menschen berichten unabhängig voneinander von einem Tunnel, einem hellen Licht und einem höchst angenehmen Zustand. Woher kommen diese Übereinstimmungen, wenn nicht von realen Erfahrungen?

Das sind zwar keine Beweise für das Weiterleben nach dem Tod, aber solche Erfahrungen stellen die Kritikpunkte der Gegner in Frage.

Christlicher Glaube

Wenngleich hier der christliche Glaube beschrieben ist, so entspricht vieles dem jüdischen und muslimischen Glauben. Hierzu gehören folgende Glaubensüberzeugungen:

Unser Leben ist einzig.
Wir glauben, dass wir nur einmal auf der Erde leben, um hier unsere Aufgabe zu erfüllen, was auch immer unsere Aufgabe ist. Der Glaube an eine Wiedergeburt wie im Hinduismus und Buddhismus wird abgelehnt.

Wir müssen über unser Leben Rechenschaft ablegen.
Wir glauben, dass wir über unser Leben vor Gott Rechenschaft ablegen müssen. Wir müssen für alles, was wir auf Erden getan, gesagt, gedacht oder auch unterlassen haben, vor Gott einstehen.

Wie dies geschieht, darüber gibt es unterschiedliche Vorstellungen. Eine in der Ikonographie häufige Form ist, dass die guten Taten gegen die schlechten aufgewogen werden. Überwiegen die guten Taten, dann kommt der Mensch zu Gott in den Himmel, zuweilen auch Paradies genannt. Überwiegen die schlechten Taten, dann erfolgt eine entsprechende Bestrafung.

Andere Menschen vertrauen der Barmherzigkeit Gottes, dass Gott das an uns in Ordnung bringt, was an uns nicht in Ordnung ist. Wie dies geschieht, vermag niemand zu sagen.

Biblische Zeugnisse
Viele Juden, Muslime und Christen glauben, dass wir von Gott kommen, hier auf Erden leben und mit unserem Tod zu Gott zurückkehren, um dann immer bei Gott zu bleiben.

Häufig fragen die Menschen, was denn die Bibel über das Weiterleben nach dem Tod aussagt. Die einzig brauchbare Aussage ist in 1 Kor zu finden:

> Nein, wir verkündigen, wie es in der Schrift heißt, was kein Auge gesehen und kein Ohr gehört hat, was keinem Menschen in den Sinn gekommen ist: das Große, das Gott denen bereitet hat, die ihn lieben. (1 Kor 2,9)

Einen echten Bezug zum Alten Testament gibt es dabei nicht. Paulus dürfte wohl folgende Stelle gemeint haben:

> Seit Menschengedenken hat man noch nie vernommen, kein Ohr hat gehört, kein Auge gesehen, dass es einen Gott gibt außer dir, der denen Gutes tut, die auf ihn hoffen. (Jes 64,3)

Dass Menschen an ein Weiterleben nach dem Tod glauben, ist aber bereits im Alten Testament bezeugt. Besonders das Martyrium der sieben Brüder und ihrer Mutter zur Zeit Antiochus' IV. (215–164 v. Chr.) ist hier zu nennen. Weil sie von ihrem jüdischen Glauben nicht lassen wollten, wurden sie gefoltert. Alle sieben Brüder und die Mutter bezeugen im Angesicht des Todes ihren Glauben an die Auferweckung, und dies ist ihnen so gewiss, dass sie daraus die fast übermenschliche Kraft gewinnen, ihren Glauben trotz grauenvollster Folter nicht zu verleugnen.

Das Martyrium der sieben Brüder mit ihrer Mutter in der Zeit der Makkabäer (165–63 v. Chr.) ist das eindrücklichste Zeugnis des Alten Testaments an ein Weiterleben nach dem Tod.

Auch Judas Makkabäus (†160 v. Chr.) legte ein deutliches Zeugnis für das Weiterleben nach dem Tod ab, als er eine Kollekte für die gefallenen Freiheitskämpfer abhielt, um für sie beim Tempel in Jerusalem opfern zu lassen:

> Er veranstaltete eine Sammlung, an der sich alle beteiligten, und schickte etwa zweitausend Silberdrachmen nach Jerusalem, damit man dort ein Sündopfer darbringe. Damit handelte er sehr schön und edel; denn er dachte an die Auferstehung. Hätte er nicht erwartet, dass die Gefallenen auferstehen werden, wäre es nämlich überflüssig und sinnlos gewesen, für die Toten zu beten. (2 Makk 12,43f)

Diesen Gedanken der Nichtigkeit griff auch Paulus in 1 Kor auf:

> Wenn es keine Auferstehung der Toten gibt, ist auch Christus nicht auferweckt worden. Ist aber Christus nicht auferweckt worden, dann ist unsere Verkündigung leer und euer Glaube sinnlos. Wir werden dann auch als falsche Zeugen Gottes entlarvt, weil wir im Widerspruch zu Gott das Zeugnis abgelegt haben: Er hat Christus auferweckt. Er hat ihn eben nicht auferweckt, wenn Tote nicht auferweckt werden. Denn

> wenn Tote nicht auferweckt werden, ist auch Christus nicht auferweckt worden. Wenn aber Christus nicht auferweckt worden ist, dann ist euer Glaube nutzlos, und ihr seid immer noch in euren Sünden; und auch die in Christus Entschlafenen sind dann verloren. Wenn wir unsere Hoffnung nur in diesem Leben auf Christus gesetzt haben, sind wir erbärmlicher daran als alle anderen Menschen. Nun aber ist Christus von den Toten auferweckt worden als der Erste der Entschlafenen. (1 Kor 15,13–30)

Paulus griff in seinen Briefen immer wieder die Frage nach dem ewigen Leben auf. In seinem Brief an Titus setzte er es gleich an den Anfang des Briefes:

> Paulus, Knecht Gottes und Apostel Jesu Christi, berufen, um die Auserwählten Gottes zum Glauben und zur Erkenntnis der wahren Gottesverehrung zu führen, in der Hoffnung auf das ewige Leben, das der wahrhaftige Gott schon vor ewigen Zeiten verheißen hat. (Tit 1,1f)

Im Brief an die Thessalonicher setzte er sich von den hoffnungslosen Menschen ab:

> Brüder, wir wollen euch über die Verstorbenen nicht in Unkenntnis lassen, damit ihr nicht trauert wie die anderen, die keine Hoffnung haben. Wenn Jesus – und das ist unser Glaube – gestorben und auferstanden ist, dann wird Gott durch Jesus auch die Verstorbenen zusammen mit ihm zur Herrlichkeit führen. (1 Thess 4,13f)

Immer wieder hebt Paulus die Verknüpfung hervor, dass wir auferweckt werden, weil Jesus auferweckt wurde. Daher ist es wichtig, an Jesus zu glauben, um auch mit ihn auferweckt zu werden:

> Sind wir nun mit Christus gestorben, so glauben wir, dass wir auch mit ihm leben werden. (Röm 6,8)
> Gott hat den Herrn auferweckt; er wird durch seine Macht auch uns auferwecken. (1 Kor 6,14)
> Denn wir wissen, dass der, welcher Jesus, den Herrn, auferweckt hat, auch uns mit Jesus auferwecken und uns zusammen mit euch (vor sein Angesicht) stellen wird. (2 Kor 4,14)
> Denn ihr seid gestorben, und euer Leben ist mit Christus verborgen in Gott. Wenn Christus, unser Leben, offenbar wird, dann werdet auch ihr mit ihm offenbar werden in Herrlichkeit. (Kol 3,3f)

Das Wort ist glaubwürdig: Wenn wir mit Christus gestorben sind, werden wir auch mit ihm leben. (2 Tim 2,11)

Für den Evangelisten Johannes war es nur noch notwendig, an Jesus zu glauben:

Amen, amen, ich sage euch: Wer glaubt, hat das ewige Leben. (Joh 6,47)

Mit dem Tod umzugehen,
ist die Schule des Glaubens.
(Martin Luther)

Biblische Bilder für das, was uns erwartet

Es gibt zwar in der Bibel keine Beschreibung, wie es im Himmel sein wird, aber einige Stellen beschreiben ein Bild, wie wir uns diesen Himmel vorstellen können.

Das Sterben an sich

Und ob ich schon wanderte im finstern Tal, fürchte ich kein Unglück; denn du bist bei mir, dein Stecken und Stab trösten mich. Du bereitest vor mir einen Tisch im Angesicht meiner Feinde. Du salbest mein Haupt mit Öl und schenkest mir voll ein. Gutes und Barmherzigkeit werden mir folgen mein Leben lang, und ich werde bleiben im Hause des HERRN immerdar. (Ps 23,4–6 nach der Lutherübersetzung)

Das Sterben ist für jeden Menschen etwas völlig Fremdes, etwas völlig Neues. Wir können es nicht üben. Es gibt dafür keine Generalprobe. Es gibt nur Uraufführungen ohne Wiederholungen. Daher erscheint vielen Menschen das Sterben auch wie ein finsteres Tal, durch das sie hindurchgehen müssen.

Aber nach Psalm 23 vom guten Hirten wird Gott uns auch in unserem Sterben begleiten. Er wird uns durch Sterben und Tod zur Auferstehung und damit an seinen reich gedeckten Tisch einladen. Dort werden wir Gottes Güte und Barmherzigkeit ewig erfahren und immer bei ihm sein.

Empfangen werden wie der verlorene Sohn

Wie werden wir wohl im Himmel empfangen werden? Das dürfen wir uns so vorstellen wie im Gleichnis vom barmherzigen Vater (Lk 15,11–32). Das Gleichnis erzählt von einem Vater, der zwei Söhne hatte. Der jüngere verlangte die Auszahlung des Erbteils, zog damit in die Ferne und verjubelte das Vermögen. Als eine Hungersnot kam, kehrte er reumütig zu seinem Vater zurück:

> Dann brach er auf und ging zu seinem Vater. Der Vater sah ihn schon von Weitem kommen, und er hatte Mitleid mit ihm. Er lief dem Sohn entgegen, fiel ihm um den Hals und küsste ihn. (Lk 15,20)

Wenn wir über unsere Untaten reumütig sterben, dürfen wir darauf vertrauen, dass uns Gott ähnlich empfängt, wie dieser barmherzige Vater seinen Sohn.

Königliches Hochzeitsmahl

> Mit dem Himmelreich ist es wie mit einem König, der die Hochzeit seines Sohnes vorbereitete. (Mt 22,2)

Ein immer wieder berührendes Bild für den Himmel ist das Hochzeitsmahl. In diesem Gleichnis spricht Jesus auch ausdrücklich vom „Himmelreich". Es soll zwar durch uns Christen bereits hier auf Erden beginnen, aber im Himmel werden wir die Vollendung davon erfahren.

Es gibt kein gesellschaftliches Ereignis, das noch höher und mit mehr Freude zu feiern wäre als die Hochzeit. Es ist bezeichnend, dass Jesus gerade dieses Bild gewählt hat. Wir dürfen also darauf vertrauen, dass das, was uns im Himmel erwartet, nicht weniger ist als ein Hochzeitsmahl, sicherlich mehr.

Größte Freude

> Denn nach der Auferstehung werden die Menschen nicht mehr heiraten, sondern sein wie die Engel im Himmel. (Mt 22,30 // Mk 12,25; Lk 20,35)

Wenngleich eine Hochzeit für uns Menschen das größte gesellschaftliche Ereignis ist, so ist doch das, was uns im Himmel erwartet, noch weitaus größer, denn wir werden dort nicht mehr heiraten.

Freude über einen gefundenen Schatz

> Mit dem Himmelreich ist es wie mit einem Schatz, der in einem Acker vergraben war. Ein Mann entdeckte ihn, grub ihn aber wieder ein. Und in seiner Freude verkaufte er alles, was er besaß, und kaufte den Acker. Auch ist es mit dem Himmelreich wie mit einem Kaufmann, der schöne Perlen suchte. Als er eine besonders wertvolle Perle fand, verkaufte er alles, was er besaß, und kaufte sie. (Mt 13,44–46)

Freude lässt sich nicht messen. Sie lässt sich nur beschrieben. Dafür benutzt Jesus das Bild eines gefundenen Schatzes bzw. einer kostbaren Perle, für die man bereit ist, alles herzugeben.

Ende allen Leids

> Gott wird alle Tränen von ihren Augen abwischen. (Offb 7,17)
> Er wird alle Tränen von ihren Augen abwischen: Der Tod wird nicht mehr sein, keine Trauer, keine Klage, keine Mühsal. Denn was früher war, ist vergangen. (Offb 21,4)

Im Himmel wird es kein Leid geben, keine Krankheit, und keinen Tod. Trauer, Klage und Mühsal wird man dort nicht kennen. Nur ewige Freude wird uns erfüllen.

Teilhabe am Göttlichen

> Dann sprach Gott: Lasst uns Menschen machen als unser Abbild, uns ähnlich. (Gen 1,26)

Wir Menschen sind als Abbild Gottes geschaffen. Damit hat jeder Mensch etwas Göttliches in sich. Bei den einen Menschen sieht man es deutlich, bei anderen Menschen muss danach gesucht werden. Im Himmel jedoch kommt dieses Teilhaben am Göttlichen ganz zur Entfaltung.

Im Himmel wird die Teilhabe am Göttlichen – an dem wir bereits jetzt fragmentarisch Anteil haben – nicht mehr durch unser Menschsein begrenzt sein. Sie wird dann grenzenlos sein. Im Himmel werden wir ewig nur mit lieben Menschen zusammen sein. Wir werden uns ewig rundherum wohlfühlen und uns verwöhnt wissen. Wir werden die ewige und völlige Erfüllung unserer Wünsche und Sehnsüchte erleben.

Rechenschaft ablegen

Die meisten Menschen glauben daran, dass sie über ihr gelebtes Leben Rechenschaft ablegen müssen. Viele sprechen von einem Gericht, vor dem sie sich zu verantworten haben.

Wie wird Gott mit meinen Fehlern verfahren?

Häufig wird die Bestrafung der Sünder befürchtet. Es geht jedoch um ein Gericht. Den Vorsitz führt ein Richter. Aufgabe des Richters ist nicht zu bestrafen, sondern zu richten. Er hat das in Ordnung zu bringen, was in Unordnung kam. Andernfalls müsste er Bestrafer oder Vollstrecker heißen.

Menschen haben in der Vergangenheit ein Bild vom Fegefeuer (lat.: purgatorium) entwickelt. Dieses Feuer hat nicht die Aufgabe der Bestrafung, sondern der Reinigung, daher auch „Reinigungsort". Diesem Bild schwebte vor, dass die Seelen der Menschen wie Golderz gereinigt werden. Oben fließt die Schlacke ab, unten kann das reine Gold abfließen. So soll in diesem Fegefeuer auch unsere Seele von allen Unreinheiten gereinigt werden.

Andere Vergleiche lassen sich mit dem Richten ziehen:

- *Wir richten uns her:* Wenn wir fein ausgehen wollen, dann richten wir uns entsprechend her. Wir waschen uns. Wir kleiden uns fein. Wir sorgen dafür, dass wir gut riechen und gut aussehen. Mit Bestrafung hat das alles nichts zu tun.
- *Die Hausfrau bereitet ein feines Gericht:* Wenn die Hausfrau ein feines Gericht zubereitet, bearbeitet sie die einzelnen Zutaten so, dass das Essen letztlich gut aussieht und lecker schmeckt. Dabei denkt sie in keinem Augenblick an Bestrafung.

Ähnlich dürfte es beim Gericht mit unseren Sünden sein. Was bei uns nicht in Ordnung ist, wird Gott in Ordnung bringen, wie auch immer dies geschehen mag.

Werde ich für meine Sünden in die Hölle kommen?

Manche Sterbende haben die Sorge, dass sie für ihre Untaten in die Hölle kommen. Sie haben entweder wirklich schwere Schuld auf sich geladen, oder sie haben ein sehr skrupulöses Gewissen, das sie zu dieser Sorge treibt.

Skrupulöse Menschen werden vor dem Gericht erkennen, dass sie gar nicht so schlecht gelebt haben, wie sie immer meinten. Sie haben somit keine Hölle zu fürchten.

Hat jedoch der Mensch wirklich schwere Schuld auf sich geladen, so wird er – nach christlichem Verständnis – nur dann in die Hölle kommen, wenn er seine Untat(en) nicht aufrichtig bereut. Er lehnt damit die Gnade und Barmherzigkeit Gottes ab. Diese Haltung respektiert Gott auch im Jenseits.

Um es kurz auf einen Nenner zu bringen: Die katholische Kirche lehrt, dass es zwar eine Hölle gibt, aber sie vermag nicht zu sagen, wer in dieser Hölle ist – vielleicht ist sie menschenleer.

Das große Wiedersehen

Mit dem Glauben an das Weiterleben nach dem Tod stellt sich die Frage nach dem Wiedersehen mit den lieb gewonnenen Menschen. Diese Frage stellt sich in mehrfacher Hinsicht:

Werde ich meine Lieben wiedersehen?
Besonders 1 Thess 4,13f darf uns darauf vertrauen lassen, dass wir alle uns lieben Menschen im Jenseits bei Gott wiedersehen werden:

> Wir wollen euch über die Verstorbenen nicht in Unkenntnis lassen, damit ihr nicht trauert wie die anderen, die keine Hoffnung haben. Wenn Jesus – und das ist unser Glaube – gestorben und auferstanden ist, dann wird Gott durch Jesus auch die Verstorbenen zusammen mit ihm zur Herrlichkeit führen.

Wie wird es mit den Menschen sein, mit denen ich mich hier auf Erden nicht vertragen habe?

Jeder kennt Menschen, die er lieber gehen als kommen sieht. Wie wird es mit denen, wenn die auch in den Himmel kommen? Die Bibel sagt dazu nichts Konkretes. Da wir jedoch erst in den Himmel kommen, wenn alles Unvollkommene von uns weggenommen ist, ist es vorstellbar, dass dieses Problem im Himmel nicht mehr besteht.

4. Glaubenshilfe für das Sterben

4.1 Abschiedssegen für die Hinterbliebenen

Segnen (lat. benedicere) heißt Gutes zusprechen. Allein die Tatsache, dass man jemandem etwas Gutes wünscht, ist im Grunde bereits segnen, erst recht, wenn dieses Gute für einen anderen Menschen von Gott her erbeten wird.

Die biblische Grundlage

Die Bibel kennt keinen Abschiedssegen für Sterbende. Sie kennt nur Abschiedssegen für die Hinterbliebenen. Hier ist der Segen Isaaks an seine Söhne Jakob und Esau nicht nur der erste, sondern auch bezeichnend. An ihm wird der Stellenwert des Segens deutlich.

> Nun sagte sein Vater Isaak zu ihm: Komm näher, und küss mich, mein Sohn! Er trat näher und küsste ihn. Isaak roch den Duft seiner Kleider, er segnete ihn und sagte: Ja, mein Sohn duftet wie das Feld, das der Herr gesegnet hat. Gott gebe dir vom Tau des Himmels, vom Fett der Erde, viel Korn und Most. Dienen sollen dir die Völker, Stämme sich vor dir niederwerfen, Herr sollst du über deine Brüder sein. Die Söhne deiner Mutter sollen dir huldigen. Verflucht, wer dich verflucht. Gesegnet, wer dich segnet. (Gen 27,26–29)

Zu Gen 27 ist noch anzufügen, dass Jakob seinem Bruder Esau für ein Linsengemüse das Erstgeburtsrecht abgekauft hat (Gen 25,29–34). Nachdem Jakob sich den Erstlingsegen von seinem Vater erschlichen hatte, gab es zwischen Esau und Isaak folgenden Wortwechsel:

> Da sagte Esau: Hat man ihn nicht Jakob (Betrüger) genannt? Er hat mich jetzt schon zweimal betrogen: Mein Erstgeburtsrecht hat er mir genommen, jetzt nimmt er mir auch noch den Segen. Dann sagte er: Hast du mir keinen Segen aufgehoben? Isaak antwortete und sagte zu Esau: Ich habe ihn zum Herrn über dich gemacht, und alle seine Brüder habe ich

ihm als Knechte gegeben. Auch mit Korn und Most habe ich ihn versorgt. Was kann ich da noch für dich tun, mein Sohn? Da sagte Esau zu seinem Vater: Hattest du denn nur einen einzigen Segen, Vater? Segne auch mich, Vater! Und Esau begann laut zu weinen. Sein Vater Isaak antwortete ihm und sprach: Fern vom Fett der Erde musst du wohnen, fern vom Tau des Himmels droben. Von deinem Schwert wirst du leben. Deinem Bruder wirst du dienen. Doch hältst du durch, so streifst du ab sein Joch von deinem Nacken. (Gen 27,36–40).

Es ist deutlich zu erkennen, dass der Segen nicht nur ein guter Wunsch war, den man wiederholen konnte. Ein zugesprochener Segen war wie ein Gegenstand, den man dem Gesegneten überreicht hatte. Daher konnte Isaak für seinen Erstgeborenen Esau nicht einfach den Segen wiederholen und ihm das Gleiche wünschen. Er hatte Jakob bereits alles gegeben.

Bemerkenswert ist aber, dass Jakob, der sich den Erstlingsegen seines Bruder Esau erschlich und von seinem Vater grenzenlos alles Gute zugesprochen bekam, kurz vor seinem Tod seinen Segen auf alle seine zwölf Söhne aufteilte (Gen 49,1–27). Keiner bekam alles, aber auch keiner nichts. Jeder wurde mit dem bedacht, was er brauchte, was seine Spezialität war.

Wenngleich ein Segen des Sterbenden an die Hinterbliebenen heute ungewohnt ist, so ist er doch möglich. Es liegt an jedem Einzelnen von uns, ob wir ihn Wirklichkeit werden lassen.

Segen des Sterbenden an die Hinterbliebenen

In Anlehnung an den Jakobssegen wäre heute ein Segen des Sterbenden für die Hinterbliebenen denkbar, z B.:

Für den künftigen Witwer
Möge Gott dich in deiner Trauer um mich trösten und mögest du ein lebensfroher und liebevoller Großvater für unsere Enkel (und Urenkel) sein.

Für einen Sohn
Gott schenke dir, dass du mit deiner Frau gemeinsam alt und glücklich werden sowie deinen Kindern ein liebevoller Vater sein mögest.

Für einen (Enkel)Sohn auf Partnersuche
Gott führe dir eine Frau zu, mit der du gemeinsam alt und glücklich wirst, und er gebe, dass ihr euch an euren Kindern und Enkelkindern erfreuen könnt.

Für einen (Enkel)Sohn in Berufsausbildung
Gott lasse dich einen guten Berufsabschluss machen und gebe, dass dieser Beruf dir Freude bereiten und du damit immerzu ausreichend Geld verdienen kannst, um deine Familie zu ernähren.

Für einen arbeitslosen (Enkel)Sohn
Gott lasse dich bald eine Stelle finden, die dir gefällt und bei der du lange bleiben kannst.

Für alle
Möge euch alle der gütige Gott vor schlimmen Krankheiten des Leibes und der Seele bewahren und euch auf der Hochzeit eurer Kinder und Enkelkinder tanzen lassen.

Für solche Segenswünsche ist keine bestimmte liturgische Form erforderlich. Man braucht einfach nur die Wünsche an die Hinterbliebenen zu formulieren und ggf. mit Gott in Verbindung zu bringen, das allein genügt.

4.2 Abschiedssegen für den Sterbenden

Vorbemerkung

Bis 1974 war die „Letzten Ölung" das Sterbesakrament der Katholiken. Das Zweite Vatikanische Konzil betonte in seiner Liturgiekonstitution (Sacrosanctum Concilium), dass zur ursprünglichen

Bedeutung der Sakramente zurückgekehrt werden soll. Die Grundlage für die Krankensalbung ist Jak 5,14f:

> Ist einer von euch krank? Dann rufe er die Ältesten der Gemeinde zu sich; sie sollen Gebete über ihn sprechen und ihn im Namen des Herrn mit Öl salben. Das gläubige Gebet wird den Kranken retten, und der Herr wird ihn aufrichten; wenn er Sünden begangen hat, werden sie ihm vergeben.

Es geht hier eindeutig um die Salbung von Kranken, nicht von Sterbenden. Die Zielsetzung ist kein gutes Sterben, sondern Genesung. Daher wurde aus der „Letzten Ölung“ eine „Krankensalbung“.

Als Sterbesakrament wurde die „Wegzehrung“ (Kommunion) eingeführt. Hierzu heißt es im Rituale „Die Feier der Krankensakramente“ auf Seite 31: „Beim Hinübergang aus diesem Leben wird der Gläubige durch die Wegzehrung mit dem Leib und Blut Christi gestärkt und erhält damit das Unterpfand der Auferstehung nach dem Wort des Herrn: ‚Wer mein Fleisch isst und mein Blut trinkt, hat das ewige Leben, und ich werde ihn auferwecken am Letzten Tag‘ (Joh 6,54).“

Diese Wegzehrung war 1974 noch bei vielen Sterbenden möglich. Durch den Fortschritt der Medizin – insbesondere der künstlichen Beatmung – ist dies heute in der Klinik in der Sterbestunde kaum mehr praktizierbar, denn viele Sterbende können tagelang vor ihrem Tod nicht mehr schlucken.

Auch aufgrund der Ermangelung von Priestern, die in den letzten Lebensstunden verfügbar sind, haben sich einzelne Diözesen und Personen eigene Fassungen von Sterbesegen erstellt. Die mir bekannten Texte weisen einen langen Segensspruch auf, der ein Aufleben der „Letzten Ölung“ erkennen lässt.

Die Taufe am Anfang des Lebens ist kurz und prägnant: „Ich taufe dich im Namen des Vaters und des Sohnes und des Heiligen Geistes.“ Damit wird eine Person in die Gemeinschaft der Kirche aufgenommen. Sich daran orientierend werden im Folgenden kurze liturgische Feiern eines Abschiedssegens für Sterbende geboten. Dabei sollte der Seelsorger jeweils auf die spezifische Situation des Sterbenden eingehen.

Wenn Hinterbliebene beim Sterben nicht dabei sein konnten, wünschen sich viele eine Verabschiedung vor der Bestattung. Oft ist damit auch der Wunsch um Segnung des Verstorbenen verbunden. Hierzu kennt die Kirche seit alters die sogenannte „Aussegnung".

Nachfolgend wird auf vier häufige Formen des Sterbens liturgisch eingegangen. Daneben gibt es nur unzählig weitere Situationen wie: Sterben ohne Angehörige, Unversöhntheit zwischen Sterbenden und Angehörigen, mehrfach verheiratet ... Hier ist die Kreativität des Seelsorgers gefragt, zumindest kurz auf diese Situation auch liturgisch einzugehen. Auf die vier häufigsten, sehr unterschiedlichen Situationen gehen die nachfolgenden Textbausteine ein.

Kurze Segensfeier zur Begleitung eines Kranken, der das Sterben verdrängt

Manchmal wird das Sterben von dem Sterbenden und/oder den Angehörigen verdrängt. Sie erbitten dennoch den Segen Gottes, wenngleich zur Heilung. Damit deren Wunsch erfüllt wird, die Gebete und der Segen jedoch der Situation angepasst sind, wird hier auch ein Segen für die Begleitung des Kranken angeboten.

Eröffnung
Jesus hat uns zugesichert: Wo zwei oder drei in meinen Namen versammelt sind, da bin ich mitten unter ihnen.
Wir beginnen diese kleine Feier im Namen des Vaters und des Sohnes und des Heiligen Geistes. – Amen.
Wir sind hier versammelt, um für Sie, *N.*, Gottes Beistand zu erbitten. Möge er Sie gut durch diese schwere Krankheit führen.

Kyrie-Rufe
Wir rufen den Herrn um sein Erbarmen an:
Herr Jesus Christus,
nichts Menschliches ist dir fremd, weder Leid noch Tod. – Herr, erbarme dich.
Du hast Kranke geheilt und dich der Verzagten angenommen. – Christus, erbarme dich.
In dir finden wir Zukunft und Heil. – Herr, erbarme dich.

Der barmherzige Gott erbarme sich unser. Er nehme alles Schwere und Bedrückende von uns und führe uns zum ewigen Leben. – Amen.

Gebet

Gütiger Gott, in deine Hände empfehlen wir *N.* und bitten dich: Begleite *ihn/sie* durch deine Gegenwart. Stärke *ihn/sie* in *seiner/ihrer* Hoffnung und führe *ihn/sie* zum Heil. Darum bitten wir durch Christus, unseren Herrn. – Amen.

Lesungen

> Kann denn eine Frau ihr Kindlein vergessen, eine Mutter ihren leiblichen Sohn? Und selbst wenn sie ihn vergessen würde: ich vergesse dich nicht. (Jes 49,15)

oder

Der Herr ist mein Hirte, nichts wird mir fehlen.
Er lässt mich lagern auf grünen Auen und führt mich zum Ruheplatz am Wasser.
Er stillt mein Verlangen; er leitet mich auf rechten Pfaden, treu seinem Namen
Muss ich auch wandern in finsterer Schlucht, ich fürchte kein Unheil;
denn du bist bei mir, dein Stock und dein Stab geben mir Zuversicht.
Du deckst mir den Tisch vor den Augen meiner Feinde.
Du salbst mein Haupt mit Öl, du füllst mir reichlich den Becher.
Lauter Güte und Huld werden mir folgen mein Leben lang,
und im Haus des Herrn darf ich wohnen für lange Zeit.
(Ps 23, Einheitsübersetzung)

oder

Der HERR ist mein Hirte, mir wird nichts mangeln.
Er weidet mich auf einer grünen Aue und führet mich zum frischen Wasser.

Er erquicket meine Seele. Er führet mich auf rechter Straße um seines Namens willen.
Und ob ich schon wanderte im finstern Tal, fürchte ich kein Unglück;
denn du bist bei mir, dein Stecken und Stab trösten mich.
Du bereitest vor mir einen Tisch im Angesicht meiner Feinde.
Du salbest mein Haupt mit Öl und schenkest mir voll ein.
Gutes und Barmherzigkeit werden mir folgen mein Leben lang,
und ich werde bleiben im Hause des HERRN immerdar.
(Ps 23, Lutherübersetzung)

Fürbitten

Wenden wir uns in vertrauensvollem Gebet aus der Kraft unseres gemeinsamen Glaubens an den Herrn und bitten ihn inständig für *N.*:

- Herr, komm mit deinem Erbarmen und stärke *N.*
- Begleite *N.* auf *ihrer/seiner* beschwerlichen Reise durch diese Krankheit.
- Stehe all denen bei, die sich um *N.* sorgen.
- Stärke all die Menschen, die sich hingebungsvoll der Kranken annehmen.
- Schenke *N.*, *dem/der* wir in deinem Namen die Hände auflegen und *den/die* wir segnen, dein Heil.

Handauflegung und Segnung

(An den/die Sterbende(n) gewandt): Ich werde Ihnen nun zum Segen die Hände auf den Kopf legen und für Sie von Gott alles Gute erbitten, das Ihnen in Ihrer Situation hilft.

(An die Anwesenden gewandt): Wenn Sie wollen, können auch Sie im Anschluss *ihm/ihr* die Hände auflegen oder mit einer anderen Geste Ihre guten Wünsche an *ihn/sie* zum Ausdruck bringen.

Es segne, behüte und begleite dich der dreieinige Gott, der Vater und der Sohn (+) und der Heilige Geist. – Amen.

oder

Durch diese Segnung begleite dich der Herr in seiner Güte.
Er stehe dir bei mit der Kraft des Heiligen Geistes.
Der Herr, der dich bisher begleitet hat, begleite dich auch auf deinem weiteren Weg. – Amen.

Abschluss

Lasst uns beten:
Herr, unser Gott, du hast uns erschaffen und durch die Taufe in deine Kirche aufgenommen. Wir bitten dich, sei nun ganz besonders mit *N.* Begleite *ihn/sie* durch diese schwere Krankheit. Darum bitten wir dich, der du lebst und herrschst von Ewigkeit zu Ewigkeit. – Amen.

Vaterunser

Schlusssegen

Der Herr segne euch und behüte euch.
Er lasse sein Angesicht über euch leuchten und sei euch gnädig.
Er erhebe sein Angesicht über euch und schenke euch Frieden und Heil.

oder

Es segne, behüte und begleite euch der allmächtige und barmherzige Herr, der Vater und der Sohn (+) und der Heilige Geist.

Abschiedssegen für einen protestierenden Sterbenden

Besonders das Sterben junger Menschen wird häufig nicht akzeptiert. Protestierend wird dem Tod entgegengetreten, darum wissend, dass man doch nichts ausrichten kann. Dies sollte liturgisch auch in entsprechende Worte gefasst werden.

Eröffnung

Jesus hat uns zugesichert: Wo zwei oder drei in meinen Namen versammelt sind, da bin ich mitten unter ihnen.

Wir beginnen diese kleine Feier im Namen des Vaters und des Sohnes und des Heiligen Geistes. – Amen.

Wir sind hier versammelt, um Sie, *N.*, Gott anzuempfehlen. Ihr Sterben können Sie nur schwer annehmen. Gerne würden Sie noch weitere Jahre mit uns leben. Dies ist Ihnen jedoch nicht gegönnt. Daher treten wir protestierend vor Gott.

Klagerufe

Wir können das Sterben von *N.* nicht akzeptieren, können aber nichts dagegen setzen. Daher rufen wir:
Sag uns warum! – Sag uns warum!
Fragend stehen wir da und verstehen es nicht. Daher rufen wir:
Sag uns warum!
Ein Gottes- und Weltbild bricht uns durch das Sterben von *N.* zusammen. Daher rufen wir:
Sag uns warum!
Der angefragte Gott erbarme sich unser. Er stehe uns bei in diesen schweren Stunden und führe *N.* zum ewigen Leben. – Amen.

Gebet

Unbegreiflicher Gott, in deine Hände empfehlen wir *N.* und bitten dich: Begleite *ihn/sie* in deine himmlische Herrlichkeit und gib *ihm/ihr* Wohnung und Heimat bei dir, dort wo wir dereinst alle vereint sind bei dir. Darum bitten wir durch Christus, unseren Herrn. – Amen.

Lesungen

Mein Gott, mein Gott, warum hast du mich verlassen,
bist fern meinem Schreien, den Worten meiner Klage?
Mein Gott, ich rufe bei Tag, doch du gibst keine Antwort;
ich rufe bei Nacht und finde doch keine Ruhe.
Von Geburt an bin ich geworfen auf dich,
vom Mutterleib an bist du mein Gott.
Sei mir nicht fern, denn die Not ist nahe,
und niemand ist da, der hilft.
Ich bin hingeschüttet wie Wasser,
gelöst haben sich all meine Glieder.

Mein Herz ist in meinem Leib wie Wachs zerflossen.
Meine Kehle ist trocken wie eine Scherbe,
die Zunge klebt mir am Gaumen,
du legst mich in den Staub des Todes.
Du aber, Herr, halte dich nicht fern!
Du, meine Stärke, eile mir zu Hilfe!
(Ps 22,1–3.11f.15f.20)

oder

Meine Seele ist tief verstört.
Du aber, Herr, wie lange säumst du noch?
Herr, wende dich mir zu und errette mich,
in deiner Huld bring mir Hilfe!
Ich bin erschöpft vom Seufzen,
jede Nacht benetzen Ströme von Tränen mein Bett,
ich überschwemme mein Lager mit Tränen.
Mein Auge ist getrübt vor Kummer,
ich bin gealtert wegen all meiner Trauer.
(Ps 6,4f.7f)

Fortsetzung mit dem Abschiedssegen für einen versöhnten Sterbenden *(s. S. 151).*

Abschiedssegen für einen Organspender

Wenngleich der Patient für hirntot erklärt wurde, so wird der Körper in seinen Funktionen durch die Intensivmedizin künstlich am Leben gehalten. Seine Organe einem Kranken zur Verfügung zu stellen, ist ein großer Akt der Nächstenliebe. Dies soll auch liturgisch begleitet werden.

Eröffnung
Jesus sagt: Wo zwei oder drei in meinen Namen versammelt sind, da bin ich mitten unter ihnen.
Wir beginnen diese kleine Feier im Namen des Vaters und des Sohnes und des Heiligen Geistes. – Amen.

Wir sind hier versammelt, um Sie, *N.*, Gott anzuempfehlen. Ihr Sterben schmerzt uns sehr. Doch wir wissen auch, dass Ihr Tod anderen Menschen Leben bringt. Darum rufen wir Gott um sein Erbarmen an:

Klagerufe

Wir können das Sterben von *N.* nicht akzeptieren, können aber nichts dagegen setzen. Daher rufen wir:
Sag uns warum! – Sag uns warum!
Fragend stehen wir da und verstehen es nicht. Daher rufen wir:
Sag uns warum!
Ein Gottes- und Weltbild bricht uns durch das Sterben von *N.* zusammen. Daher rufen wir:
Sag uns warum!
Der angefragte Gott erbarme sich unser. Er stehe uns bei in diesen schweren Stunden und führe *N.* zum ewigen Leben. – Amen.

Gebet

Liebender Gott, in deine Hände empfehlen wir *N.* und bitten dich: Begleite *ihn/sie* in deine himmlische Herrlichkeit und gib *ihm/ihr* Wohnung und Heimat bei dir, dort wo wir dereinst alle vereint sind bei dir. Darum bitten wir durch Christus, unseren Herrn. – Amen.

Lesungen

In jener Zeit sprach Jesus zu seinen Jüngern:
Das ist mein Gebot: Liebt einander, so wie ich euch geliebt habe.
Es gibt keine größere Liebe, als wenn einer sein Leben für seine Freunde hingibt.
Ihr seid meine Freunde, wenn ihr tut, was ich euch auftrage.
Ich nenne euch nicht mehr Knechte; denn der Knecht weiß nicht, was sein Herr tut.
Vielmehr habe ich euch Freunde genannt.
(Joh 15,12–15)

oder

Ich bin der gute Hirt;
ich kenne die Meinen, und die Meinen kennen mich,
wie mich der Vater kennt und ich den Vater kenne;
und ich gebe mein Leben hin für die Schafe.
(Joh 10,14f)

Fortsetzung mit Abschiedssegen für einen versöhnten Sterbenden (s. S. 151).

Abschiedssegen für einen versöhnten Sterbenden

Das angenommene Sterben ist der Idealfall. So wünschen es sich die meisten Menschen – für den Sterbenden, wie auch für sich selbst als Angehöriger und auch als Sterbender.

Eröffnung
Jesus hat uns zugesichert, wo zwei oder drei in meinen Namen versammelt sind, da bin ich mitten unter ihnen.
So beginnen wir diese kleine Feier im Namen des Vaters und des Sohnes und des Heiligen Geistes. – Amen.
Wir sind hier versammelt, um Sie, *N.*, Gott anzuempfehlen. Möge er Sie gut aus unserer Welt in seine Welt begleiten und Sie dort in seiner Güte und Barmherzigkeit zu sich nehmen.

Kyrie-Rufe
So rufen wir zu Beginn dieser kleinen Feier Gott um sein Erbarmen an:
Herr Jesus Christus,
du versöhnst, was getrennt ist.
Herr, erbarme dich. – Herr, erbarme dich.
Du begleitest uns über das irdische Leben hinaus. – Christus erbarme dich.
Du tröstest die Trauernden. – Herr, erbarme dich.
Der barmherzige Gott erbarme sich unser. Er nehme alle Schuld von uns und führe uns zum ewigen Leben. – Amen.

Gebet

Gütiger Gott, in deine Hände empfehlen wir *N.* und bitten dich: Nimm *ihn/sie* auf in deine himmlische Herrlichkeit und gib *ihm/ihr* Wohnung und Heimat bei dir. Uns aber, die zurückbleiben, gib die Kraft, einander zu trösten mit der Botschaft des Glaubens, bis wir alle vereint sind bei dir. Darum bitten wir durch Christus, unseren Herrn. – Amen.

Lesungen

Kann denn eine Frau ihr Kindlein vergessen, eine Mutter ihren leiblichen Sohn?
Und selbst wenn sie ihn vergessen würde: ich vergesse dich nicht.
(Jes 49,15)

oder

Der Herr ist mein Hirte, nichts wird mir fehlen.
Er lässt mich lagern auf grünen Auen und führt mich zum Ruheplatz am Wasser.
Er stillt mein Verlangen; er leitet mich auf rechten Pfaden, treu seinem Namen
Muss ich auch wandern in finsterer Schlucht, ich fürchte kein Unheil;
denn du bist bei mir, dein Stock und dein Stab geben mir Zuversicht.
Du deckst mir den Tisch vor den Augen meiner Feinde.
Du salbst mein Haupt mit Öl, du füllst mir reichlich den Becher.
Lauter Güte und Huld werden mir folgen mein Leben lang,
und im Haus des Herrn darf ich wohnen für lange Zeit.
(Ps 23 – Einheitsübersetzung)

oder

In jener Zeit sprach Jesus: Ein neues Gebot gebe ich euch: Liebt einander!
Wie ich euch geliebt habe, so sollt auch ihr einander lieben.
Daran werden alle erkennen, dass ihr meine Jünger seid: wenn ihr einander liebt.
(Joh 13,34f)

oder

In jener Zeit sprach Jesus zu seinen Jüngern:
Glaubt an Gott und glaubt an mich.
Im Haus meines Vaters gibt es viele Wohnungen.
Wenn es nicht so wäre, hätte ich euch dann gesagt:
Ich gehe, um einen Platz für euch vorzubereiten?
Wenn ich gegangen bin und einen Platz für euch vorbereitet habe,
komme ich wieder und werde euch zu mir holen,
damit auch ihr dort seid, wo ich bin.
(Joh 14,1,1–4)

Fürbitten

Wenden wir uns in vertrauensvollem Gebet aus der Kraft unseres gemeinsamen Glaubens an unseren Herrn und bitten ihn inständig für *N.*:

- Herr, komm mit deinem Erbarmen und stärke *N.* .
- Begleite *N.* auf *ihrer/seiner* letzten Reise heim zu dir.
- Stehe all denen bei, die um *N.* trauern.
- Stärke all die Menschen, die sich hingebungsvoll der Kranken und Sterbenden annehmen.
- Schenke *N.*, *dem/der* wir in deinem Namen die Hände auflegen und *den/die* wir segnen Wohnung und Heimat bei dir.

Herr, unser Gott, wir danken dir für alles Gute, mit dem du *N.* in *seinem/ihrem* irdischen Leben beschenkt hast und für das Gute, das wir durch *ihn/sie* erfahren durften. Lohne es *ihm/ihr* mit dem ewigen Leben in deiner Herrlichkeit. Darum bitten wir durch Christus, unseren Herrn. – Amen.

Handauflegung und Segnung

(An den/die Sterbende(n) gewandt): Ich werde Ihnen nun zum Segen die Hände auf den Kopf legen und für Sie von Gott alles Gute erbitten, das Ihnen in Ihrer Situation hilft.

(An die Anwesenden gewandt): Wenn Sie wollen, können auch Sie im Anschluss ihm/ihr die Hände auflegen oder mit einer anderen Geste Ihre guten Wünsche an ihn/sie zum Ausdruck bringen.

Von Gott kommen wir, aus Gott leben wir, zu Gott kehren wir zurück. Zu dieser Heimkehr segne dich der dreieinige Gott, der Vater und der Sohn (+) und der Heilige Geist. – Amen.

oder

Es segne, behüte und begleite dich der dreieinige Gott, der Vater und der Sohn (+) und der Heilige Geist. Er nehme dich auf in seine himmlische Herrlichkeit, wo wir uns alle wiedersehen werden. – Amen.

oder

Durch diese Segnung begleite dich der Herr in seiner Güte. Er stehe dir bei mit der Kraft des Heiligen Geistes. Der Herr, der dich bisher begleitet hat, nehme dich auf in seine himmlische Herrlichkeit und gebe dir dort Wohnung und Heimat bei sich. – Amen.

oder

N., es segne dich Gott, der Vater.
Es stärke dich Gott, der Sohn.
Es erfülle dich Gott, der Heilige Geist.
So geleite dich zum himmlischen Leben der dreieinige Gott,
der Vater und der Sohn (+) und der Heilige Geist. – Amen.

oder

N., Gott, der Vater, segne dich mit all seiner Güte.
Jesus Christus, begleite dich auf Deinem Weg.
Gott, der Heilige Geist, führe uns alle wieder zusammen.
Das gewähre dir der dreieinige Gott,
der Vater und der Sohn (+) und der Heilige Geist. – Amen.

Abschluss

Lasst uns beten!

Herr, unser Gott, du hast uns erschaffen und durch die Taufe in deine Kirche aufgenommen. Du wolltest, dass wir sind und dass wir leben. Du hast uns das ewige Leben geschenkt. Daher ist der Tod für uns nicht das Ende, sondern der Beginn unseres neuen Lebens.

Wir bitten dich, sei nun ganz besonders mit *N.*, nimm von *ihm/ihr* alles, was *ihn/sie* hindert zu dir und schenke *ihm/ihr* alles, was *ihn/sie* hinführt zu dir. Lass *ihn/sie* teilhaben an der ewigen Freude, und gib *ihm/ihr* Heimat und Wohnung bei dir.

Darum bitten wir dich, der du lebst und herrschst von Ewigkeit zu Ewigkeit. – Amen.

oder

Lasst uns beten!

Herr, Jesus Christus, du bist Mensch geworden und hast damit auch den Tod auf dich genommen.

Blicke gnädig auf *N., der/die* sterbend auf dich wartet. Begleite *ihn/sie* durch deine Gegenwart von unserer Welt in deine Welt.

Darum bitten wir dich, der du lebst und herrschst von Ewigkeit zu Ewigkeit. – Amen.

Vaterunser

Schlusssegen

Es segne, behüte und begleite euch der allmächtige und barmherzige Herr, der Vater und der Sohn (+) und der Heilige Geist.

Anhang: Gebete, Lieder und Texte für Sterbende und ihre Begleiter

Texte und Lieder aus dem Gotteslob

Gebete

GL 78	Die Wegzehrung
GL 79	Sterbegebete: Rufe
GL 776	= Sieben Worte Jesu am Kreuz
GL 775	= Kreuzwegstationen

Gesätze des schmerzhaften oder glorreichen Rosenkranzes.

GL 79,5	Kurz vor dem Tod
GL 79,6	Unmittelbar nach dem Verscheiden

Lesungen

Als Lesungen empfiehlt das Gotteslob (GL 79,2) die „Leidensgeschichte des Herrn aus einem der vier Evangelien" (d. h. Mt 27; Mk 15; Lk 23; Joh 18f) sowie:

Mt 25,1–13	Das Gleichnis von den zehn Jungfrauen
Offb 21,1–7	Die neue Welt Gottes
Offb 22	Die neue Welt Gottes

Litaneien

Als Litaneien werden vom Gotteslob (GL 79,3) empfohlen:

GL 762	Allerheiligenlitanei
GL 766	Litanei vom Leiden Christi

Lieder

Als Lieder werden vom Gotteslob Passionslieder empfohlen:
GL 171–188

Sterbegebete aus dem Evangelischen Gesangbuch

Das „Evangelisches Gesangbuch. Ausgabe für die Evangelisch-Lutherischen Kirchen in Bayern und Thüringen“ (1994) widmet dem Thema „Sterben und ewiges Leben“ zumeist Lieder: EG 516–535

Weitere Texte und Gebete

Mein Herr und mein Gott, nimm alles von mir, was mich hindert zu Dir.
Mein Herr und mein Gott, gib alles mir, was mich fördert zu Dir.
Mein Herr und mein Gott, nimm mich mir und gib mich ganz zu eigen Dir.
Niklaus von Flüe (1417–1487)

Psalm 23 des Sterbens
Der Herr ist mein Hirte. Er ließ mir an nichts fehlen.
Er ließ mich ein erfülltes Leben erfahren
und führte mich zum Ruheplatz meiner Seele.
Er erfüllte mir die meisten meiner Wünsche.
Er war immer bei mir, wenn ich ihn brauchte.
Muss ich nun Abschied nehmen von dieser Welt,
so fürchte ich kein Unglück,
denn deine Nähe gibt mir Zuversicht.
Daher ist für mich das Sterben nicht Dunkel
und der Tod für mich nicht Finsternis.
Ich vertraue darauf,
dass du mich durch den Tod auf die andere Seite des Lebens führst.
Du lädst mich ein zu deinem himmlischen Hochzeitsmahl.
Dort darf ich aus vollen Bechern trinken.
Denn deine Güte und Huld folgen mir auch ins ewige Leben.
In deinem Haus darf ich wohnen ewiglich.

Die Zehn Gebote des Sterbens

1. Gebot: Du sollst alle dir wichtigen Papiere bezüglich eines plötzlichen Todes verfasst haben.
2. Gebot: Du sollst deine Lieben wissen lassen, wie du sterben willst, denn nur so können sie dir deine Wünsche beim Sterben erfüllen.
3. Gebot: Du sollst deinen Lieben ein geordnetes Leben hinterlassen, damit sie nicht nach deinem Tod erst einmal aufräumen müssen.
4. Gebot: Du sollst sagen, wenn du mehr Schmerzmittel haben willst.
5. Gebot: Du sollst nichts gegen deinen Willen aushalten oder über dich ergehen lassen, weil andere meinen, dass dies gut für dich sei, schön oder fromm.
6. Gebot: Du sollst von deinen Lieben am Sterbebett kein Versprechen erbitten oder gar abringen, denn was zu deinen Lebzeiten nicht geklappt hat, das wird nach deinem Tod nur eine Qual werden.
7. Gebot: Du sollst deine Angehörigen segnen – ihnen Gutes wünschen –, denn sie werden dich lange nicht sehen.
8. Gebot: Du sollst dich von deinen Angehörigen segnen lassen – dir von ihnen Gutes zusprechen lassen –, denn dies ist die letzte Gelegenheit dazu.
9. Gebot: Du sollst wissen, dass auch Christus den Weg des Sterbens gegangen ist. Er weiß daher aus eigenem Erleben, was du jetzt brauchst.
10. Gebot: Du sollst von diesem Leben loslassen, denn nur durch den Tod ist Auferstehung möglich.

Die Zehn Gebote der Sterbebegleitung

1. Gebot: Du sollst wissen, wo die Papiere sind, die bei einem plötzlichen Tod wichtig sind.
2. Gebot: Du sollst dem Sterbenden sein Sterben ermöglichen und nicht versuchen, ihm deine Vorstellung von Sterben aufzudrängen.
3. Gebot: Du sollst den Sterbenden sterben lassen, ihn aber nicht umbringen.
4. Gebot: Du sollst fragen, ob der Sterbende mehr Schmerzmittel haben will.
5. Gebot: Du sollst dem Sterbenden nichts gegen seinen Willen aufzwingen, weil es dir schön oder fromm erscheint.
6. Gebot: Du sollst am Sterbebett kein Versprechen abgeben, denn was bisher nicht geklappt hat, das wird auch später nur eine Qual.
7. Gebot: Du sollst den Sterbenden segnen – ihm Gutes wünschen –, denn sein bevorstehender Weg ist einzigartig.
8. Gebot: Du sollst dich vom Sterbenden segnen lassen – dir von ihm Gutes zusprechen lassen –, denn dies ist die letzte Gelegenheit dazu.
9. Gebot: Du sollst wissen, dass auch Christus den Weg des Sterbens gegangen ist. Er weiß daher aus eigenem Erleben, was der Sterbende jetzt braucht.
10. Gebot: Du sollst den Sterbenden loslassen, denn nur so kann dir ein erster Trost zuteil werden.

Vater-unser-Gebet des Sterbens

Vater unser, der du bist im Himmel,
geheiligt werde dein Name,
denn ich komme bald zu dir in dein Reich.
Dein Wille geschehe – auch an mir.
Ob auf Erden oder im Himmel,
du bist immer bei mir.
Gib mir jetzt die Hoffnung, die mich trägt in dein Paradies.
Vergib mir meine Schuld,
wie ich all denen vergeben habe, die an mir schuldig wurden.

Führe mich in das Reich deines Lichts
und lasse mich ewiglich deine Herrlichkeit schauen.
Denn dein sind wir auf Erden wie im Himmel.
So kann ich diesen Schritt getrost gehen. – Amen.

Geschichte eines Sterbekreuzes

Der Bildhauer Emil Sutor (1888–1974) erkrankte schwer. Irgendwann war für ihn klar, dass er an dieser Krankheit bald sterben werde. Er ließ sich den von ihm geschaffenen Korpus eines gekreuzigten Christus in das Krankenzimmer bringen und dort dem Bett gegenüber aufhängen. Dieser Christus wurde so für Sutor zum Gesprächspartner, zu einem konkreten Gegenüber.

Da war einer, der auch, den sicheren Tod vor Augen, Schmerzen litt. Da war einer, der angesichts seines Todes ausrief: „Mein Gott, mein Gott, warum hast du mich verlassen?"

Sutor hatte damit einen Gottessohn vor Augen, der das durchmachte, was er nun erlebte und noch zu erleben hatte. Nichts Menschliches war ihm fremd. Selbst das Verlassenheitsgefühl in der Todesangst und den Tod hatte dieser Gottessohn selbst an sich erlebt. Er wird daher Sutor verstehen. Er wird daher auch zu ihm sagen: „Amen, ich sage dir: Heute noch wirst du mit mir im Paradies sein." (Lk 23,43)

Sutor, als Künstler für alles Schöne offen, war zuvor in der Kapelle der St. Vincentius-Kliniken aufgefallen, dass durch die nachkonziliare Umgestaltung der Kapelle an der Altarwand kein Objekt der Anbetung war. Daher verfügte Sutor, dass nach seinem Tod dieser Korpus an die Altarwand gehängt werden solle.

Auf Wiedersehen

Wir sagen in unserem Leben so häufig „Auf Wiedersehen", weil wir die Hoffnung haben, dass wir uns wieder sehen werden. Bringen wir dies auch im Angesichts des Sterbens an?

Als ich eingeschult wurde, erkrankte meine Großmutter, die im Haus mitgelebt hatte. Für mich war es nur eine Krankheit, denn was wusste ich mit sechs Jahren schon vom Sterben.

Von meinen Eltern wurde ich angehalten, jeden Morgen, bevor ich das Haus verließ, bei der Oma „Auf Wiedersehen" zu sagen.

Nach meiner Rückkehr aus der Schule hatte ich mich gleich wieder bei der Oma zurückzumelden. Ich tat es einfach, ohne weiter darüber nachzudenken.

An einem sonnigen Oktobertag holte mich mein Vater vom Schulweg ab und sagte nur: „Oma ist gestorben."

Zuhause lag sie aufgebahrt in ihrem Bett, die Familie und die Nachbarn dabei. Es wurde gebetet und Abschied genommen.

Was mir vom Sterben meiner Großmutter geblieben ist, das ist das „Auf Wiedersehen" sagen. Ich praktiziere es in der Klinik:

Ich sage es bewusst zu Sterbenden, wenn ich davon ausgehe, dass sie bis bei meinem nächsten Besuch schon tot sind.

Ich sage es zu verstorbenen Patienten, weil es meine Form ist, mich von ihnen zu verabschieden.

Ich sagte es auch zu einem muslimischen Patienten, dessen letzte Stunde geschlagen hatte, und fügte noch hinzu: „... weil ich davon überzeugt bin, dass wir uns wieder sehen werden." Hierauf drückte er mir zum Abschied stumm aber kräftig die Hand.

In diesem Sinn beende ich auch dieses Buch mit diesen Worten: Auf Wiedersehen.

Empfehlenswerte Literatur

Jean-Dominique Bauby: Schmetterling und Taucherglocke. München 1998.

Sherwin B. Nuland: Wie wir sterben. Ein Ende in Würde? Reinbek 1994.

Karl-Heinz Pantke: Locked-in. Gefangen im eigenen Körper. Frankfurt 1999.

Heinrich Pera: Sterbende verstehen. Ein praktischer Leitfaden zur Sterbebegleitung. Freiburg 1995.

Klaus Schäfer: Letzte Gespräche mit Oma. Kehl 2011.

Elisabeth Strand: Trost der Therapie – ein Beitrag zur Rehabilitierung eines diskreditierten Begriffs und seiner Praxis. (unveröffentlichte Diplomarbeit) Waldbronn 2008.

Mehr von Klaus Schäfer

Klaus Schäfer

Trösten – aber wie?

Ein Leitfaden zur Begleitung von Trauernden und Kranken

176 S., kartoniert
ISBN 978-3-7917-2204-7

Vertröstungen verletzen, Trost heilt. Doch worin unterscheiden sie sich? Anhand zahlreicher Beispiele zeigt der Autor in einer Gegenüberstellung von »falschem Trost« und »echtem Trost« auf, warum manche Formulierungen verletzen, andere hingegen trösten und heilen. Der Leser bekommt ein Gespür für häufige Fehler und unpassende Formulierungen mit Kranken und Trauernden und erfährt konkret, was er stattdessen sagen und tun kann.

Zugleich bietet das Buch die wichtigsten Grundlagen der Kommunikation, soweit sie das Gespräch am Krankenbett oder mit Trauernden betreffen. Schließlich werden auch die Grenzen des Tröstens aufgezeigt. Diese zu erkennen, ist für Trauerbegleiter besonders wichtig, um nicht in Selbstzweifel und Depression zu versinken.

Verlag Friedrich Pustet **www.verlag-pustet.de**